ORIXÁS
e suas oferendas

Evandro Mendonça

ORIXÁS
e suas oferendas

ANUBIS

© 2016, Editora Anúbis

Revisão:
Tânia Hernandes

Diagramação e capa:
Edinei Gonçalves

Dados Internacionais de Catalogação na Publicação (CIP)
(Câmara Brasileira do Livro, SP, Brasil)

Mendonça, Evandro
  Orixás e suas oferendas/Evandro Mendonça. -- São Paulo: Anúbis, 2016.

  ISBN 978-85-67855-00-4
  Bibliografia.

  1. Orixás 2. Umbanda (Culto) 3. Umbanda (Culto) - Rituais I. Título.

14-01852   CDD-299.60981

Índices para catálogo sistemático:
1. Orixás : Umbanda : Religiões
   afro-brasileiras   299.60981

São Paulo/SP – República Federativa do Brasil
Printed in Brazil – Impresso no Brasil

Este livro segue as novas regras do Acordo Ortográfico da Língua Portuguesa.

Os direitos de reprodução desta obra pertencem à Editora Anúbis. Portanto, não é permitida a reprodução total ou parcial desta obra, de qualquer forma ou por qualquer meio eletrônico, mecânico, inclusive por meio de processos xerográficos, incluindo ainda o uso da internet, sem a permissão expressa por escrito da Editora (Lei nº 9.610, de 19.2.98).

Distribuição exclusiva
Aquaroli Books
Rua Curupá, 801 – Vila Formosa – São Paulo/SP
CEP 03355-010 – Tel.: (11) 2673-3599
atendimento@aquarolibooks.com.br

Créditos

Dedico com muito carinho e humildade essa Obra para todos os Babalorixás, Ialorixás, Babalaôs, Pais, Mães e Zeladores de Santos, independente de suas Nações e raízes, dos mais antigos aos mais novos, juntamente com seus filhos, adeptos e iniciantes, que querem e fazem uma Religião Africana pura e sem invencionices.

Sumário

Prefácio	9
Introdução	13
Orixás.	21
O sincretismo	22
Orixá Bará, Elegbará, Léba, Exu.	29
Características	30
Filhos de Bará	31
Oferendas.	32
Orixá Ogum	41
Características	42
Filhos de Ogum	43
Oferendas.	44
Orixá Oiá, Iansã	51
Características	52
Filhos de Iansã	53
Oferendas.	54
Orixá Xangô	61
Características	62
Xangô Ibeji.	63
Oxum Ibeji	63
Filhos de Xangô	64
Oferendas.	65
Orixá Odé, Oxóssi.	73
Características	74
Filhos de Odé	75
Oferendas.	75

Orixá Otim. 83
    Características. 84
    Filhos de Otim. 85
    Oferendas. 85
Orixá Logun edé. 93
    Características. 94
    Filhos de Logun Edé 94
    Oferendas. 95
Orixá Obá 103
    Características. 104
    Filhos de Obá 105
    Oferendas. 105
Orixá Ossain. 113
    Características. 114
    Filhos de Ossain. 115
    Oferendas. 116
Orixá Xapanã, Omolu, Obaluaiê 123
    Características. 124
    Filhos de Xapanã 125
    Oferendas. 125
Orixá Oxum 133
    Características. 134
    Filhos de Oxum 135
    Oferendas. 135
Orixá Iemanjá 145
    Características. 146
    Filhos de Iemanjá 147
    Oferendas. 148
Orixá Oxalá 157
    Características. 158
    Filhos de Oxalá 159
    Oferendas. 159
Recomendações Finais 169
Bibliografia. 171

Prefácio

Honra-me sobremaneira a oportunidade de fazer este prefácio, atendendo a um gentil convite feito pelo autor. Tarefa que cumpro com solicitude e prazer, tanto de apresentar a abençoada e coroada competência do Pai Evandro para tal obra, como também na atitude de aprendiz.

Sim, sua aprendiz e fiel leitora, que neste momento vos escreve com a mesma sensação da "alegria de Erê": expressão que encontro para anunciar a tamanha satisfação de sermos presenteados com mais este manancial de conhecimento a respeito dos Orixás e suas oferendas.

Tenho certeza de que se você esta lendo minhas palavras, é porque, assim como eu, tem um grande amor por sua religião, por você e pela vida. No meu caso, tenho um grande e imensurável amor à Umbanda.

Mas não precisa ser umbandista ou vinculado a alguma religião africana para oferendar os Deuses. Os Orixás, como diz meu avô de santo, não são divinos, eles são divinizados! Então, por que fazer oferendas aos Orixás?

O panorama social mundial, o caos moderno, as dificuldades que as pessoas encontram, a desagregação das casas religiosas com seus diferentes preceitos e fundamentos, todos de suma importância para a compreensão, o significado e a importância do Orixá na vida do ser humano tanto espiritual quanto social.

Seja na ancestralidade, luz de seu Ori, seja na representação e regência das forças da natureza, entender o conceito de Orixá e sua influência direta é primordial. Cada pessoa 'sofre' na encarnação influências diretas ou indiretas de ações genéticas, herdadas, espirituais, da natureza e as de seu livre-arbítrio.

As religiões africanas entendem que a natureza dilapida, molda, veste e caracteriza perfeitamente os seres humanos. Parafraseando Reginaldo Prandi, os humanos são apenas cópias esmaecidas dos Orixás dos quais descendem.

Percebemos então que em nosso comportamento e nos relacionamentos, se estivermos desalinhados com a harmonia da natureza voltada para nós, sofreremos influências inclusive em nossa personalidade. Com isso poderemos passar por situações difíceis, atingindo a todos os segmentos de nossa vida. Entende-se então o porquê de tantas desavenças, conflitos, doenças, guerras...

Para o homem conhecer a si mesmo, deve conhecer seus Orixás! Conhecer, cuidar, tratar, oferendar!

Conhecendo seu Orixá, participando da "intimidade com os Orixás", como se refere Pai Evandro, estaremos conscientemente favoráveis a ofertar-lhes em busca também de sermos atendidos em nossos pedidos e necessidades.

Cada sugestão nesta obra é de valor espiritual inestimável, cabendo a nós nunca esquecermos de que o prato especial é a 'fé', e o tempero indicado é a 'vontade': ingredientes principais do praticante de magia. O sabor, deixaremos com o 'merecimento'...

Ao andarmos defronte o nosso autoconhecimento, oferendando os Orixás de nosso eledá ("linhagem" de Orixás a que a pessoa pertence), estamos certamente criando um magnetismo de imantação energética e espiritual que irá nos amparar, proteger e abençoar. Estaremos assim contribuindo também a favor dos processos evolutivos e colaborando para uma cultura de paz.

Como escreveu o autor, "sempre há alguém oferecendo alguma coisa em algum lugar". E nós fomos agraciados com este belo referencial, que servirá para favorecer a aproximação, o contato entre o Homem e Deus. Interliga Orum e Aiê. Oferendar reforça a fé e solidifica a alma.

Prefácio

Esta troca energética aciona o Axé para amor, prosperidade, saúde, proteção, sorte etc.

Tenho a nítida certeza de que Pai Evandro consolida viáveis alternativas e encaminhamentos para o bom andamento das práticas (religiosas ou não) aceitas pelo Panteão Africano. Não faltam minúcias sobre o assunto, permitindo um leque tão bonito (belo como o abebê de Oxum) para o leitor se beneficiar.

Que todos tenham uma excelente leitura, bons aprendizados, potenciais resultados e êxito em suas oferendas.

Agradeço ao Pai Evandro Mendonça, irmão, amigo e mestre, a oportunidade de prefaciar esta obra. E o mais importante: agradeço a Deus, aos Orixás e aos guias pelas luzes que se acendem no Ori e aos Odús do ser a cada vela imantada acesa e ofertada, a cada oferenda realizada.

Axé! Motumbá! Saravá!

Janina Stumm Moritz
Porto Belo – SC

Introdução

Prezado leitor, é sem pretensão alguma, a não ser de colaborar e ajudar e ao mesmo tempo com muito orgulho, que tenho a honra de passar a vocês este belíssimo trabalho referente a oferendas dos Orixás.

Esta Obra é mais um trabalho do autor, destinada a futuros Babalorixás, Ialorixás, Babalaôs, Pais, Mães e Zeladores de Santos etc. que têm a ânsia, a força de vontade e o direito de aprender os fundamentos religiosos das nações africanas dos Orixás praticadas em solo brasileiro-- muitas vezes por egoísmo, falta de conhecimento ou até mesmo para que os futuros Babalorixás, Ialorixás, Babalaôs, Pais, Mães e Zeladores de Santos etc. não fiquem na dependência religiosa do seu feitor, Baba e até mesmo do templo religioso, pois o mesmo acaba não transmitindo todos os seus conhecimentos a seus sucessores.

Dentro da religião africana não existem trabalhos, rituais, magias, oferendas e segredos que não possam ser transmitidos a esses futuros religiosos.

Os cultos africanistas nos legaram esse poder, e quem pratica esses cultos com seriedade e sabedoria têm o direito de viver esse mistério e conviver com estas magias que podem até mudar a vida das pessoas. Sim, podemos mudar muita coisa, inclusive mexer com o destino da pessoa, desde que isso seja feito com cuidado e responsabilidade.

Podemos alterar, nem que seja um pouco, o curso de muitas coisas e o destino das pessoas devido a essa intimidade com os Orixás, a natureza e suas energias. Tudo isso graças aos negros africanos que nos presentearam com esses rituais fantásticos, emocionantes, fascinantes, empolgantes, comoventes e altamente perigosos e eficazes, capazes de mudar a vida dos seres humanos.

A prática de cada item citado nessa obra pode ser feita por leigos, iniciantes ou médiuns de qualquer religião ou nação africana. As oferendas apresentadas são universais e podem ser praticadas em qualquer estado ou país, modificando-se apenas alguns itens, números ou cores, se for necessário, conforme a nação africana.

Elas também podem ser praticadas por pessoas dos mais diversos segmentos religiosos, desde que acreditem nos Orixás, tenham fé, confiança e convicção.

Todos e quaisquer tipos de oferendas são métodos que podem ser usados para ativar as forças da natureza, dos Orixás e também as nossas próprias forças.

Para realizar uma oferenda, há de se ter o máximo de cuidado com o quê, onde e para quem oferendar. Uma oferenda correta num local ou Orixá errado ou uma oferenda errada num local ou Orixá certo, pode não causar efeito algum e até mesmo causar efeito contrário.

As oferendas são rituais compostos de comidas, frutas, bebidas, carnes, flores, velas, orações e todo e qualquer tipo de ofertas ou agrados que costumamos oferecer aos Orixás. Essas mesmas oferendas servem para homenagear, cultuar e fortalecer os nossos vínculos com os Orixás, e também são muito usadas em formas de trabalhos, seguranças, firmezas e defesas para que eles possam nos ajudar e nos defender das coisas ruins no nosso dia a dia.

É um dos métodos mais práticos de se ativar as energias e correntes positivas, a fé, a autoconfiança e a convicção de que será alcançado o desejo pedido.

Essas oferendas atraem, concentram e canalizam energias e correntes positivas, condensam, dispersam e repulsam energias e correntes negativas.

Introdução

Todas as oferendas podem ser feitas em diferentes pontos de força dos Orixás, como mar, rios, mata, pedreira, cruzeiro, cemitério, beira de estrada, locais movimentados, assentamentos ou em seu altar dos Orixás.

Uma oferenda pode ser simples ou farta, que produzirá o mesmo efeito. O importante é fazê-la com amor, fé e confiança nos Orixás e principalmente em si mesmo. Quando bem apresentada, eleva consideravelmente a força fluídica que se encontra ao redor do perispírito (energia perispiritual). Essa é uma das energias que as entidades manipulam e direcionam para ajudar na realização dos nossos desejos.

Como é de costume na religião africana em todas as nações, além das oferendas, ofertas e agrados aos Orixás os Babalorixás, Ialorixás, Babalaôs, Pais, Mães e Zeladores de Santos etc. costumam oferecer uma grande festa anual ao seu Orixá e também aos seus convidados em forma de agradecimento por tudo o que se conseguiu até o momento.

Sempre há alguém oferecendo alguma coisa em algum lugar. Em diversos estados e países, há pessoas de diferentes crenças religiosas que oferecem algo, conforme sua cultura e crença religiosa em troca de paz, saúde, felicidades, progresso etc.

Nas oferendas dos Orixás, como em todo preceito espiritual e trabalhos de origens africanas, para que cada um de nós tenha êxito e consiga o que deseja, é fundamental que tenhamos fé, confiança e convicção. E, naturalmente, confiança nas forças que o executam, e também, no fim justo e bom do que se deseja conseguir.

Todas as oferendas contidas nesta obra são eficazes. No entanto, dependem muito do sacrifício, fé e merecimento de cada um, pois elas só trarão um bom resultado se forem usadas por pessoas honestas e por uma boa causa. Caso contrário, elas não terão efeito algum. Nenhum Orixá admitirá ou permitirá que a desonestidade se espalhe entre os irmãos de religião africana e até mesmo de outras religiões.

São oferendas simples, mas de muito fundamento e que com certeza ajudará muitos adeptos novos, iniciantes ou até mesmo simpatizantes da religião africana.

Deixo claro também que essas oferendas, as características dos Orixás e de seus filhos que irei ensinar não têm nada de misterioso e tampouco estou desvendando os segredos do Axé: são apenas sugestões didáticas e tradicionais do povo africanista que também poderão sofrer algumas alterações de cor, número, dias etc., conforme o estado, país ou nação africana praticada.

Com elas estamos apenas ordenando e auxiliando milhares de simpatizantes que estão por aí abrindo casas e se intitulando Babalorixás, Ialorixás, Babalaôs, Pais, Mães e Zeladores de Santos, agindo por conta própria, ao sabor das ondas da imaginação, sem um conhecimento básico sobre a cultura africana e sem fundamento algum.

Como não podemos controlar essas ervas-daninhas que se espalham cada vez mais pelo país deteriorando e prejudicando o nome da religião africana, vamos procurar ensiná-los, orientá-los e capacitá-los para que façam pelo menos um pouco certo os seus rituais e trabalhos, pois assim não prejudicarão tanto a religião e principalmente a vida das pessoas que lhe procurarem pedindo algum tipo de auxílio através dos Orixás.

As oferendas dos Orixás que irei ensinar são algumas das mais simples das muitas que existem e você pode levar como oferenda, trabalho, defesa ou firmeza sua, ou de alguém conhecido que esteja precisando de ajuda, direto ao ponto de força dos Orixás. Ex: praia, rio, mata, cachoeira, mar, estrada, encruzilhada etc. juntamente com uma vela na cor pertencente ao mesmo, ou, se preferir, pode-se arriar no seu assentamento ou altar dos Orixás velando de 3 a 7 dias mais ou menos e despachando num dos pontos de força conforme o Orixá, e de preferência afastado de casas residenciais, ou ainda se preferir, depois de velar pode enterrar no seu pátio sem problema algum.

Como já foi dito, essas oferendas feitas com fé, além de ativar as nossas forças, ativam também as forças da natureza que são os Orixás, atraem, concentram e canalizam energias e correntes positivas, condensam, dispersam e repulsam energias e correntes negativas.

Introdução

Por esse motivo, aconselho que sempre que você puder, faça uma oferenda ao seu Orixá ou a um determinado Orixá caso não saiba qual é o seu, pois eles são as forças da natureza que nos move no dia a dia.

Podem ser colocadas em cima de folhas de mamoneiro, bananeira ou numa bandeja de papelão forrada com as mesmas folhas ou com papel de seda na cor pertencente ao Orixá.

Antes de arriar ou velar essas oferendas, elas podem ser passadas no corpo de uma pessoa que estiver necessitando de ajuda, podendo ser feita no dia da semana correspondente ao Orixá ou a qualquer dia e hora no seu assentamento ou altar dos Orixás ou ainda direto ao ponto de força do Orixá.

Porém, se for levar direto ao ponto de força do Orixá, deve ser feito pela manhã cedinho, bem à tardinha ou à noite se preferir. O mesmo vale para a hora de despachar ou enterrar, caso seja velada no assentamento ou altar dos Orixás.

Qualquer tipo de oferendas que irei ensinar no decorrer desse livro, pode ser feita por qualquer tipo de pessoa, independente de cor, raça, situação financeira, crença religiosa e até mesmo de nação africana – nagô, cabinda gegê, ijejá, candomblé, oyó etc.

Essas oferendas podem ser oferendadas aos Orixás, com varias finalidades como foi dito anteriormente, podendo também serem acompanhadas do sacrifício de uma ave (galo, galinha, angolista, pombo etc.) na cor e tipo correspondente ao Orixá e a sua nação africana.

Mas, esse ritual só pode ser feito por pessoas capacitadas e que tenham conhecimento no assunto e principalmente Axé de faca (mão de faca), portanto, só pode ser feito por Babalorixá, Ialorixá, Pai de Santo, Mãe de Santo, Babalaô, Zelador de Santo etc. Ou seja, por pessoas que cultuam os Orixás pelo lado africano (nagô, cabinda gegê, ijejá, candomblé, oyó etc.) e não pelo lado de Umbanda, que não pratica qualquer tipo de cortes ou sacrifícios de animais aos seus Orixás.

Não ensinarei como sacrificar a ave, nem sobre o destino que será dado a mesma depois de sacrificada. Até mesmo porque quem usar desse preceito com certeza saberá sacrificar e dar o destino certo à ave sacrificada, baseado na sua raiz, preceito ou fundamento da nação africana que se pratica – e que varia muito de uma nação para outra – cuidando sempre e tendo o máximo de atenção possível para não prejudicar ou ofender a comunidade, a natureza e principalmente os Orixás do panteão africano.

Há muitos outros Orixás, Voduns, Inkicis, Erumalés etc. que não serão citados nesta obra porque não são muito cultuados no Brasil, assim como em alguns locais de suas próprias origens em que certos Orixás que ocupam uma posição dominante em alguns lugares estão totalmente ausentes em outros.

Por exemplo, o culto de Xangô, que ocupa o primeiro lugar em Oyó, é oficialmente inexistente em Ifé, onde um deus local, Oramfé, está em seu lugar com o poder do trovão. Oxum, cujo culto é bastante marcante em Ijexá, é totalmente ausente em Egbá. Iemanjá, que é soberana em Egbá, é totalmente desconhecida em Ijexá etc.

Se repararmos, isso também acontece mais ou menos parecido no Brasil, onde um terreiro em que a pessoa que comanda pertence ao Orixá Xangô, tem esse Orixá como figura de destaque no terreiro, porém quando essa mesma pessoa de Xangô que comanda o terreiro aprontar um filho de outro Orixá, como Ogum, com todos os assentamentos e axés exigidos dentro do ritual, e liberá-lo para abrir seu próprio terreiro, esse primeiro Orixá, no caso Xangô, continua sendo cultuado juntamente com os outros Orixás e seus assentamentos, mas perde o destaque para o Orixá Ogum, que é o dono da cabeça do médium e agora comanda o novo terreiro.

Só com este pequeno relato pode-se ter uma ideia do que é a união, parceria e irmandade dos Orixás, em que tanto faz se estiver um ou outro no poder, pois as suas responsabilidades com seus pupilos, médiuns, consulentes e também com a natureza e até com a evolução do planeta, continua a mesma, onde cada um faz a sua parte para manter o equilíbrio de tudo, sem distinção de quem está no poder ou não. Pena

Introdução

que isso não acontece com a maioria dos seres humanos. Portanto, nessa obra só serão citados alguns dos Orixás mais tradicionais e cultuados no Brasil e algumas de suas Oferendas.

Encerro esta introdução pedindo a todos os Babalorixás, Ialorixás, Babalaôs, Pais, Mães e Zeladores de Santos, Filhos de Santos e simpatizantes que divulguem mais a religião africana, assumam ser africanistas, conversem, expliquem, ensinem os que não têm noção alguma, troquem trabalhos, rituais, magias com os mais antigos, não levem para o túmulo todos os seus conhecimentos e vivências dentro da religião, deixem com alguns filhos, sejam amigos, irmãos, colegas, companheiros de religião. E já que temos e cultuamos nossos Orixás no Ori (cabeça), que sejamos unidos como se fossemos um panteão dos Orixás, onde cada um faz e controla a sua parte para que haja sempre o equilíbrio nesse planeta.

Só assim faremos com que nós, nossos Orixás e nossa religião sejam mais respeitados e cresçam a cada dia que passa.

Tenho certeza de que se assim agirmos agora, com o passar de alguns anos e mesmo não estando mais aqui nesse planeta, ainda assim em espírito nos sentiremos orgulhosos de termos colaborado e feito parte do crescimento da religião africana em solo brasileiro, sentindo na alma aquela sensação do dever cumprido para com os Orixás e com os nossos irmãos que ainda permanecem nesse planeta de aprendizados.

Não somos apenas um ramo religioso, somos uma religião séria, somos respostas aos seres humanos, somos uma missão no Universo.

Está em nossas mãos, Babalorixás, Ialorixás, Babalaôs, Pais, Mães e Zeladores de Santos, Filhos de Santos e simpatizantes de todas as nações a responsabilidade de continuarmos a vontade de todos nossos Orixás, deixando um legado para os que vierem depois de nós.

Que a força de todos os Orixás, de Bará à Oxalá,
possa estar sempre junto de vocês, meus queridos Irmãos.

AXÉ!

Orixás

Na mitologia iorubá, Orixá em princípio é um antepassado divinizado que em sua vida se encantara e fixara ligações permitindo-lhe um domínio sobre certas forças e energias da natureza. Portanto, Orixá é natureza e natureza é Orixá – a terra, o fogo, o ar, a água, o animal, o vegetal, o mineral etc., tudo isso são encantos dos Orixás.

Eles correspondem a diferentes pontos de força da natureza e os seus arquétipos estão relacionados às manifestações dessas forças e energias, que aprendemos a sentir e a manipular individualmente através de cada Orixá.

São deuses míticos africanos que viveram na terra segundo as histórias orais passadas por muitos Babalorixás, Ialorixás, Babalaôs, Pais, Mães e Zeladores de Santos, e também por alguns estudiosos da religião africana. Suas comunicações com os seres humanos se dá por intermédio de mensagens contidas nos mitos, nas festas, cerimônias, rituais de caráter público ou privado e principalmente pelo famoso e tradicional jogo de búzios praticado dentro de um templo africanista.

Orixá é uma força pura e imaterial que só se torna perceptível aos seres humanos incorporando-se em um deles.

Não me estenderei muito sobre o que é um Orixá, suas lendas, histórias, mitos e características porque já existem várias obras sobre esse assunto e essa não é a finalidade deste livro, mas sim falar sobre as oferendas dos Orixás.

O sincretismo

Para se entender facilmente o problema das religiões afro-brasileiras é necessário acompanhar os estudiosos e admitir uma linha de Oeste a Leste, cortando o continente africano na altura do Golfo da Guiné. Dessa linha para cima costuma-se chamar de sudanesas as culturas negras e são elas que nos interessam.

Desse paralelo para baixo os negros são agrupados sob o rótulo genérico de bantos, excluindo-se a extremidade meridional do continente.

É uma divisão e uma classificação muito sumária, mas que serve perfeitamente para colocar o problema em seus termos gerais.

Dos negros sudaneses, as culturas que mais pesaram no Brasil foram a nagô e a gejê, provenientes da Nigéria e do Daomé respectivamente. Coube a nagô (iorubana) a hegemonia em todo o Brasil, de norte a sul.

Já na África, pela contiguidade ou proximidade territorial, essas culturas, e outras também, influenciaram-se reciprocamente, em maior ou menor grau.

Com o périplo africano realizado pelos navegadores portugueses do Renascimento, chegaram às costas africanas as "missões", as crenças e rituais cristãos, especialmente católicos, que deram origem ao sincretismo com os cultos negros.

Este fenômeno se acentuou grandemente no Brasil. Primeiro por causa da promiscuidade das senzalas, onde negros de culturas diversas conviviam lado a lado anos a fio. Isso favoreceu o sincretismo entre as próprias religiões africanas transplantadas para cá.

Depois, por ser o Catolicismo a religião oficial do estado durante o Período Colonial (1500 a 1889), pôde comprimir, e comprimiu, de fato e de direito as manifestações exteriores das demais religiões, inclusive as práticas primitivas dos negros. Mas se a Igreja o pôde fazer, o que não pôde foi evitar um fato interessante que veio possibilitar aos negros a manutenção dos seus cultos e rituais.

Por um mecanismo de defesa, consciente ou inconsciente, os negros avivaram cada vez mais em extensão e profundidade o sincretismo de suas crenças com as da Igreja e mascararam seus deuses com os nomes dos santos católicos. Assim, puderam venerar sua Iansã (divindade nagô), chamando-a de Santa Bárbara, por exemplo.

Com tal subterfúgio, respeitavam a lei e a Igreja e continuavam cultuando seus deuses primitivos. Este processo de identificação entre os Orixás (divindades) e os santos católicos foi facilitado objetivamente por semelhanças de "especialização", semelhanças "profissionais", digamos assim, entre certos Orixás e determinados santos. É notório que São Jerônimo e Santa Bárbara são protetores contra os raios na crença popular. Ora, Xangô é o Orixá do raio e da tempestade. Iansã é uma de suas mulheres míticas.

Daí a identificação:

- ▶ Xangô – São Jerônimo
- ▶ Iansã – Santa Bárbara

O mesmo sucede a Ogum, deus da guerra e do ferro. Do Rio de Janeiro para cima, talvez por causa da tradição guerreira de Santo Antônio (tem patente de oficial nas forças armadas da Bahia), Ogum foi assimilado a Santo Antônio. Do Rio de Janeiro para baixo, ao contrário, Ogum se identificou com São Jorge, pois esse santo sempre é representando em registros, litografias e estampas católicas, montado a cavalo, de armadura medieval completa, com lança em punho, derrotando o dragão.

Se entre os sudaneses se cultuavam principalmente os Orixás (entidades sobrenaturais, intermediárias entre os homens e Olorum, o deus maior e superior a todos), entre os bantos do sul se veneravam os espíritos ancestrais, de pessoas humanas que viveram efetivamente. Em Benguela, Angola, sabe-se que existia o culto "orodere", semelhante ao chamado "Espiritismo" na França e no mundo contemporâneo.

Por isso, também foi fácil os negros de origem banta, como aos outros influenciados por eles, amoldarem-se às práticas espíritas que se desenvolveram no Brasil. Daí ouvirmos muitas vezes numa Casa de Umbanda de Porto Alegre serem invocados os espíritos de Padre Cícero, do Ceará, de Castro Alves e os de pró-homens da História do Brasil, principalmente se se destacaram na luta a favor da Abolição da Escravatura.

Dessa diferença entre os cultos sudaneses e bantos derivou uma diferença nas religiões afro-brasileiras. De um lado temos o Xangô em Pernambuco, o Candomblé na Bahia e o Batuque no Rio Grande do Sul, todos de origem sudanesa – as diversas designações são apenas rótulos regionais para um mesmo conteúdo. Do outro lado, isto é, de parte das culturas bantas e mercê de um espantoso e avassalador sincretismo, nasceram todas as casas chamadas de "Umbanda", criando-se no Brasil uma nova religião.

Nas casas sudanesas se veneram exclusivamente, ou principalmente, os Orixás, entidades sobrenaturais. Nas casas de Umbanda, além dos Orixás, são cultuados os espíritos ancestrais, os "espíritos guias", assim denominados por influência do Espiritismo.

Provavelmente a maiorias das casas de culto afro-brasileiros, no Distrito Federal e Estado do Rio de Janeiro, denotam a supremacia da Umbanda, isto é, das culturas bantas. Nessa região, a denominação corrente para as casas de culto é "macumba". No entanto, é preciso frisar que a expressão "macumba" tende a generalizar-se em todo o Brasil, compreendendo pouco a pouco todas as manifestações dos cultos afro-brasileiros.

Se na África se iniciou o sincretismo das diversas religiões negras entre si, assim como entre elas e o Catolicismo como acabamos de ver, no Brasil o fato se acentuou e se ampliou, abrangendo o Espiritismo. Mas não ficou aí, arrastou no torvelinho as tradições e as crenças dos aborígenes americanos.

O sincretismo das religiões negras com elementos das culturas indígenas deu nascimento a um novo tipo, ou variante, do culto: o "Candomblé de Caboclo", as "Casas de Caboclos".

Nelas, os Orixás africanos repartem com os deuses indígenas as honras do culto e da veneração popular. Não só os deuses: às vezes, e muito frequentemente, até tribos personificadas recebem o culto de Orixá, como o "caboclo tupinambá", por exemplo.

Nos cultos predominantes sudaneses são usadas as línguas africanas. Dominam o nagô e o jeje. Naturalmente, foram deturpados por quatrocentos e tantos anos de Brasil passando-se de orelha a orelha, sem apoio na escrita.

Nas Casas de Umbanda e nas Casas de Caboclo domina-se o português, evidentemente recheado de palavras africanas e pontilhado aqui e ali de expressões ou nomes próprios das línguas autóctones – do tupi principalmente.

Na realidade, não existe uma única casa de culto em todo o Brasil que mantenha pura a sua tradição cultural, imune ao sincretismo. De uma flagrante predominância cultural até o sincretismo mais extenso, se observam no país, de um extremo ao outro, uma gama riquíssima. Tão rica, às vezes, que o observador precisa ser experiente para distinguir e reconhecer de chofre os elementos diversos que a compõem.

Exemplificando tal riqueza podemos citar uma Casa de Umbanda, em Porto Alegre, onde encontramos amalgamados elementos bantos, nagôs, jejes, católicos, espíritas, ameríndios, protestantes e exóticos.

Essa tendência ao sincretismo total, englobando todas as crenças mais vivas no Brasil, foi entrevista por Artur Ramos. E foi conscientemente procurada pelo chefe de culto da Casa de Umbanda recém citada, e que nos disse textualmente: "A Umbanda é como que um Espiritismo nacional.".

Nessas palavras, como em toda a sua atuação, o que ele disse, e fez em vida, foi buscar deliberadamente o sincretismo total. Nada mais do que compreender o sentido da maré e montar na crista da onda.

Originalmente, os negros, de maneira geral (e nos referimos aos trazidos para o Brasil), acreditavam em uma divindade una, superior a outros seres sobrenaturais, seus subordinados. Não interessa aqui a discussão sobre se esta ideia monoteísta é original da África ou se é herança da "missões" cristãs, católicas por excelência, ou mesmo influência do Islamismo setentrional. Ao deus superior, para usar a expressão nagô, chamavam Olorum.

Olorum não tinha e não tem representação material, nem culto específico. É confundido com a abóboda celeste e é, por isto, como dizem os de língua inglesa, um "nature god". Olorum dispõe de subordinados, seus intermediários em relação aos homens, – são os Orixás, espécies de ministros com funções perfeitamente especificadas. Até hoje se conserva no Brasil a memória e o nome de Olorum, às vezes corrompido para Olerum, Lorum etc. Sem representação objetiva e sem culto específico, esta divindade tendeu ao enfraquecimento, beneficiando a valorização de seus ministros, os Orixás, também chamados "santos" por influência do Catolicismo.

Mesmo lembrando ocasionalmente Olorum, os afro-brasileiros vivem desde Nina Rodrigues (1900) até o presente, um processo de politeização, ao sabor do hagiológio católico perfeitamente especializado. Se juntarmos a politeização à tendência para representar suas divindades sob formas humanas, mais utilização de fetiches, chegaremos a um fetichismo politeísta antropomórfico com atual estágio. Assim é efetivamente. Olorum não funciona. Quem funciona de verdade são os Orixás, e cada um deles preside a atividades específicas:

- Xangô – deus do raio e da tempestade.
- Ogum – deus da guerra e do ferro.
- Omulu – deus das bexigas, das pestes.
- Iemanjá – deusa das águas.

E assim continua...

Cada Orixá possui um fetiche especial, seja pedra, barro ou metal, onde estará efetivamente depois de "preparado" (consagrado) o fetiche por um chefe de culto. Também cada Orixá tem a suas cores privativas, que serão usadas nas vestes rituais dos seus "filhos", como nas contas de seus colares de guia. Ainda é preciso frisar que cada divindade corresponde a um conjunto de alimentos privativos que lhe são apresentados como sacrifício ou oferenda.

O sacerdote, ou a sacerdotisa, o chefe de culto de um templo das religiões afro-brasileiras é chamado vulgarmente de "Pai de Santo" ou "Mãe de Santo". A iniciação se faz durante um período maior ou menor de reclusão na casa de culto. Implica vários tabus, como as relações sexuais, certos alimentos, o calor do Sol etc. Durante tal período, o noviço se aprofunda nos mistérios da religião e caso seja mulher se aplica também a confeccionar as suas vestes religiosas.

As iniciações exigem uma série de banhos cerimoniais, inclusive com sangue de animais sacrificados. Já neste período, o iniciante sofre o que se denomina a 'queda de santo': vez por outra durante as rezas e toques de tambor, o dono de sua cabeça, isto é, o Orixá a cujo culto se votará, baixa ao seu corpo e toma conta de sua consciência. Por isso se diz que é "Cavalo de Santo".

Dizer que uma pessoa "está no santo" significa que seu Orixá protetor se apossou de sua consciência, dela só se afastando mediante o ritual de "Despacho do Santo", de "Virar o Santo", realizado pelo chefe de culto ou por um crente mais velho e experimentado.

Ao final da iniciação, o fiel oferece uma festa pública custeando do seu próprio bolso as despesas, que geralmente são bem altas. Diz-se então que o noviço "está feito", "está pronto", "é filho de santo", para todos os efeitos. Dentro de algum tempo, se seu Orixá permitir, (consultado por processos adivinhatórios ou perguntando-se diretamente durante a posse de seu "cavalo") o crente pronto pode estabelecer-se com casa de culto própria da qual será o chefe e sacerdote, desde que tenha recebido todos os "axés" – o direito e os poderes para olhar os búzios e para matar (sacrificar animais segundo o ritual).

O crente, desde a iniciação até o fim da vida de maneira geral, fica ligado ao seu Orixá por laços muito rigorosos de obediência e de culto, não só de receber do Orixá as graças e proteção desejada, como também para evitar os castigos e as penas por ele impostas ao crente que não procede com correção ou negligência os deveres religiosos.

Além disso, espiritualmente o filho de santo deve obediência estrita a seu Pai ou Mãe de Santo, subordinação esta tão extensa, que atinge até a conduta sexual, sentimental e moral frequentemente.

As grandes cerimônias rituais são realizadas em geral por ocasião de uma data consagrada a qualquer dos mais populares Orixás como, por exemplo, Ogum, deus da guerra e do ferro, festejado no Sul do Brasil dia 23 de abril, dia de São Jorge, ao qual Ogum está assimilado. A festa completa conta de 3 etapas distintas no extremo sul do país: a "matança", a festa pública e a "levantação", que constituem um ciclo de pelo menos 3 dias e 3 noites.

Na matança, cerimônia secreta, são imolados os animais oferecidos ao deus honrado na ocasião e eventualmente outras vítimas, endereçadas a outras divindades.

A festa pública é o acontecimento mais ruidoso e mais alegre do culto: a ela podem assistir todos os crentes e mesmo profanos, desde que se mantenham respeitosos. A casa de culto se engalana de cores, de luzes, de flores, de vivacidade e alegria. A levantação se realiza em dia ou noite posterior, com a finalidade de recolocar nos altares os fetiches, já limpos, dos Orixás que receberam o banho de sangue das vítimas imoladas. Esta última etapa também é íntima. Como é curial, todo o ciclo decorre debaixo de toques dos tambores rituais, cânticos sagrados ("rezas") e danças religiosas. Durante ela, baixam em seus "cavalos" inúmeras divindades, que dançam horas a fio, bendizem os crentes e fazem oráculo eventualmente.

Orixá Bará, Elegbará, Léba, Exu

Características

Orixá guardião dos templos, encruzilhadas, passagens, casas, cidades e das pessoas; mensageiro divino dos outros Orixás.

Seu significado em iorubá é "esfera", aquilo que é infinito, que não tem começo, meio e fim.

É o equilíbrio negativo do Universo, o que não quer dizer coisa ruim. Aquele que ludibria, engana, confunde, mas também ajuda; é aquele que traz a dor e a felicidade.

Tem o privilégio de receber todas as oferendas, homenagem e obrigações primeiro – não se faz nada dentro da religião africana sem antes saudá-lo em primeiro lugar. Dono das encruzilhadas e das questões mais imediatas relacionadas a dinheiro, trabalho e amor, abre e fecha caminhos, ruas, guarda a porta e o portão de nossas casas, abre, fecha, tranca, destranca tudo em nossas vidas.

Nada se pode fazer sem ele, é a cólera dos Orixás e das pessoas, é ele que nos confirma tudo no jogo de búzios. Tem caráter suscetível, violento, astucioso, grosseiro, vaidoso e indecente. É o intermediário entre os homens e os Orixás; problemas que exigem solução rápida e imediata serão tratados com ele.

- Recebe como oferendas: cabrito, galos, angolista, pombos, milho torrado, amendoim torrado, feijão torrado, farinha de mandioca com óleo de dendê, bife com óleo de dendê, óleo de dendê, mel, batata-inglesa assada, apeté de batata-inglesa cozida e amassada sem cascas em forma de chave, pipoca, frutas, balas de mel, ecós, peixe etc.
- Partes do corpo que lhe pertencem: pênis, pâncreas, uretra, urina, sangue e ossos das mãos e pernas.
- Seu dia na semana é: segunda-feira.
- Seu número é: 7.
- Seus metais são: níquel e ferro.
- Suas cores são: vermelha e preta.

- ► Sua saudação é: alúpo ou lá Lupo.
- ► Seu ponto de força é: encruzilhada.
- ► Suas ervas são: guiné, oro, alevante, dinheirinho, fortuna, arnica, folha de amendoim, folha de batata-inglesa, erva-lanceta, cipó-mil-homens, carqueja, babosa, tiririca, comigo-ninguém-pode, urtiga, erva-de-bicho, canela-sassafrás etc.
- ► Suas ferramentas são: foice, chave, gadanho, corrente de aço, búzios, moedas, canivete, cachimbo, porrete de Cambuí, tridente, lança, rebenque, ponteira, gadanho, cadeado etc.

Filhos de Bará

Os filhos, ou filhas, de Bará têm um caráter ambivalente, ora são pessoas inteligentes e compreensivas com os problemas dos outros, ora são bravas, intrigantes e ficam contrariadas.

Não têm paradeiro, viajam muito e passam a maior parte do seu tempo nas ruas. Adoram jogos e bebidas e quase sempre estão envolvidas em intrigas e confusões. São rancorosas e não admitem ser vencidas.

O arquétipo deste Orixá é muito comum em nossa sociedade, onde proliferam pessoas com caráter ambivalente, ao mesmo tempo são boas e más, porém com inclinação para a maldade, o destino, a obscenidade, a depravação e a corrupção.

Pessoas que têm a arte de inspirar confiança e dela abusar, mas que apresentam, em contrapartida, a faculdade de inteligente compreensão dos problemas dos outros e a de dar ponderados conselhos, com tanto mais zelo quanto maior a recompensa. As cogitações intelectuais enganadoras e as intrigas políticas lhes convêm particularmente e são, para elas, garantias de sucesso na vida.

A pessoa deste arquétipo ama os prazeres e a boa vida, é sensual e atraente; na maioria das vezes se vale das mentiras, é muito hábil nas negociações, astuta, consegue seus objetivos a qualquer preço, adora ajudar quando vai receber uma recompensa, é desordeira e brigona, e quando lhe convém é muito prestativa.

Oferendas

Todas essas oferendas são oferendas básicas dos Orixás, bem simples de se fazer. Você pode trocar as cores das velas e do papel de seda, acrescentar, tirar ou trocar alguns dos itens conforme a sua nação, adequando a oferenda a sua casa, raiz, templo, estado ou país em que reside.

Poderá também usar itens citados numa das oferendas do mesmo Orixá em outra sem problema algum. Por exemplo, itens da oferenda A, podem ser usados na oferenda B e C, ou vice e versa. Podem-se usar também alguns utensílios pertencentes aos Orixás para enfeitar a oferenda – exemplos: leque, espelho, brincos, flores, perfumes, correntes, espada, alianças, ferramentas dos Orixás em miniaturas etc., como também outros ingredientes que sejam do seu conhecimento e que pertençam ao Orixá.

Todos os itens citados em <u>quilos ou gramas</u> são apenas pra se ter uma base das <u>quantidades</u>, pois um pouco a mais ou a menos não fará diferença, na verdade o que vai mandar na quantidade é o tamanho da <u>bandeja</u>.

Oferenda A

Material necessário:
- 1 bandeja de papelão grande
- Papel de seda vermelha ou folhas de mamoneiro
- 1 quilo de milho de galinha
- 1 pacote de milho de pipoca
- 7 moedas de qualquer valor
- 4 batatas-inglesas médias
- 7 batatas-inglesas pequenas
- 7 balas de mel

- Mel
- Óleo de dendê
- 1 vela vermelha de 7 dias
- 1 caixa de fósforos

Modo de fazer:

Asse no forno do fogão as 7 batatas-inglesas pequenas com cascas, e depois de assadas faça um furo com o dedo mingo (não muito profundo) em cada uma bem no meio.

Coloque óleo de dendê, de preferência na hora da montagem da bandeja.

Cozinhe as 4 batatas-inglesas médias. Ainda quentes, descasque-as e amasse-as com uma colher, formando um purê. Depois, com as mãos, pegue um pouco desse purê e molde um apeté como se fosse uma pirâmide arredondada e bem pontuda.

Com o restante do purê e da mesma forma, molde uma chave com dentes, ou seja, uma chave de modelo antigo. Não precisa ficar perfeita. Depois de pronta, pinte essa pirâmide (apeté) e a chave com óleo de dendê ou mel, ou com os dois juntos, usando o dedo como pincel.

Escolha o milho de galinha, coloque-o numa panela com um pouquinho de água e leve-o ao fogo. Após secar a água, coloque uns pingos de óleo de dendê e vá mexendo com uma colher de madeira até torrar bem o milho, não muito escuro.

Estoure um pouquinho de milho de pipoca no óleo de cozinha.

Montagem da oferenda:

Decore a bandeja forrando a-a com o papel de seda vermelha, ou com as folhas de mamoneiro. Coloque espalhadas num dos lados da bandeja, já decorada com o papel ou folhas de mamoneiro, as pipocas, e do outro lado o milho torrado da mesma forma.

Em cima de tudo e em volta da bandeja coloque as 7 batatas-inglesas assadas com os furos para cima. Nesse momento coloque dentro dos furos o óleo de dendê. Distribua as balas de mel descascadas nos vãos entre uma batata assada e outra.

Pegue o apeté, crave nele espaçadamente uma da outra, as 7 moedas, e coloque no meio da bandeja juntamente com a chave.

Depois de pronta, arrie no seu assentamento, acenda a vela e faça seus pedidos ou agradecimentos. Vele por 3 ou 4 dias mais ou menos e despache-a ou enterre-a num local adequado. Ou, se preferir, leve direto ao ponto de força do Orixá substituindo a vela de 7 dias por uma ou 7 velas vermelhas comuns.

Observação:

Espere esfriar a oferenda para arriá-la no assentamento ou levá-la ao ponto de força do Orixá. Se for arriá-la no seu assentamento, use o mesmo fósforo ou isqueiro que você costuma usar para acender as velas no seu assentamento. Se optar por levar ao ponto de força do Orixá, leve a caixa de fósforos, acenda a vela, ou as velas, e, se for o caso, deixe-a semiaberta com as cabeças dos palitos para fora. Não pode estar chovendo na hora da entrega. O mesmo vale para a hora em que for despachar ou enterrar a oferenda caso tenha sido velada no seu assentamento.

Essa oferenda também pode ser arriada ou velada dentro do terreiro, templo ou casa no altar dos Orixás (congá, peji, assento, santuário, quarto de santo).

Pontos de força onde se pode arriar, despachar ou enterrar a oferenda

Encruzilhada de rua de terra ou asfalto aberta, encruzilhada de mato e encruzilhada de praia, dependendo da classe do Orixá. O que não impede de ser enterrada no seu pátio, depois de velada no seu assentamento.

Oferenda B

Material necessário:
- 1 bandeja de papelão grande
- Papel de seda vermelha ou folhas de mamoneiro
- 1 quilo de milho de galinha

Orixá Bará, Elegbará, Léba, Exu

- 1 pacote de milho de pipoca
- 14 moedas de qualquer valor
- 1 quilo de batatas-inglesas
- 7 balas de mel
- Mel
- Óleo de dendê
- 1 vela vermelha de 7 dias
- 1 caixa de fósforos

Modo de fazer:

Cozinhe as batatas-inglesas. Ainda quentes, descasque-as e amasse com uma colher formando um purê. Depois, com as mãos, pegue um pouco desse purê e molde sete apetés pequenos como se fossem uma pirâmide arredondada e bem pontuda; a seguir, da mesma forma, molde sete chaves pequenas com dentes, ou seja, chave modelo antigo. Não precisa ficar perfeita. Depois de pronto, pinte essas pirâmides (apetés) e as chaves com óleo de dendê, mel ou com os dois juntos, usando o dedo como pincel.

Escolha o milho de galinha, coloque numa panela com um pouquinho de água e leve ao fogo. Após secar a água, coloque uns pingos de óleo de dendê e vá mexendo com uma colher de madeira até torrar bem o milho, não muito escuro.

Estoure um pouquinho de milho pipoca no óleo de cozinha.

Montagem da oferenda:

Decore a bandeja forrando com o papel de seda vermelho, ou com as folhas de mamoneiro. Coloque espalhadas num dos lados da bandeja, já decorada com o papel ou folhas de mamoneiro, a pipoca, e do outro lado, o milho torrado da mesma forma.

Em cima de tudo e na volta da bandeja coloque as sete chaves com os dentes apontando para fora da bandeja e com uma moeda cravada em cima de cada uma das chaves. Distribua as balas de mel descascadas nos vãos entre uma chave e outra.

Pegue os apetés, crave na parte de cima deles (pontas) as sete moedas restantes, uma moeda em cada um dos apetés e distribua no meio da bandeja, ficando assim: as chaves com os dentes para fora e as balas na volta da bandeja e os apetés no meio.

Depois de pronta, arrie no seu assentamento, acenda a vela e faça seus pedidos ou agradecimentos. Vele por três ou quatro dias mais ou menos e despache ou enterre num local adequado. Ou se preferir, leve direto no ponto de força do Orixá, substituindo a vela de sete dias por uma ou sete velas vermelha comum.

Observação:
Espere esfriar a oferenda para arriar no assentamento ou levar no ponto de força do Orixá. Se for arriar no seu assentamento, use o mesmo fósforo ou isqueiro que você costuma usar para acender as velas no seu assentamento. Se optar por levar no ponto de força do Orixá, leve a caixa de fósforos, acenda a vela ou as velas, se for o caso, e deixe-a semi-aberta com as cabeças dos palitos para fora. Não pode estar chovendo na hora da entrega. O mesmo vale para a hora que for despachar ou enterrar a oferenda caso tenha sido velada no seu assentamento.

Essa oferenda também pode ser arriada ou velada dentro do terreiro, templo ou casa no altar dos Orixás (congá, peji, assento, santuário, quarto de santo).

Pontos de força onde se pode arriar, despachar ou enterrar a oferenda
Encruzilhada de rua de terra ou asfalto aberta, encruzilhada de mato e encruzilhada de praia dependendo da classe do Orixá. O que não impede de ser enterrada no seu pátio, depois de velada no seu assentamento.

Oferenda C
Material necessário:
- 1 bandeja de papelão grande
- Papel de seda vermelha ou folhas de mamoneiro
- 500 gramas de milho de galinha

- ▶ 500 gramas de feijão-preto
- ▶ 500 gramas de amendoim
- ▶ 1 pacote de milho de pipoca
- ▶ 1 pacote de farinha de mandioca
- ▶ 7 bifes pequenos sem bater ou passar na máquina
- ▶ 7 pés de moleque
- ▶ 7 moedas de qualquer valor
- ▶ 7 pimentas grandes verdes ou vermelhas (pode ser a chamada dedo-de-moça ou similar)
- ▶ 1 vidro de óleo de dendê
- ▶ 1 vela vermelha de 7 dias
- ▶ 1 caixa de fósforos

Modo de fazer:

Escolha o milho de galinha, coloque-o numa panela com um pouquinho de água e leve ao fogo. Após secar a água, coloque uns pingos de óleo de dendê e vá mexendo com uma colher de madeira até torrar bem o milho, ficando bem escuro.

Da mesma forma e sem a água e o óleo de dendê, torre o amendoim e o feijão-preto, separados um do outro.

Estoure um pouquinho de milho de pipoca no óleo de cozinha.

Faça um miamiã gordo (farofa feita de farinha de mandioca misturada com óleo de dendê), amarelinho e soltinho.

Passe óleo de dendê, não muito, nos dois lados dos 7 bifes.

Montagem da oferenda:

Decore a bandeja, forrando-a com o papel de seda vermelha, ou com as folhas de mamoneiro. Coloque na bandeja, já decorada com o papel ou folhas de mamoneiro, espalhados um do lado do outro cobrindo toda a bandeja, a pipoca, o milho torrado, o amendoim torrado, o feijão torrado e o miamiã gordo.

Distribua em cima de tudo os pés de moleque e os bifes já com o óleo de dendê, as moedas cravadas como se fossem rolar, e por último, em volta da bandeja, distribua espaçadamente uma da outra as pimentas com as pontas finas da pimenta apontando para fora da bandeja.

Depois de pronta, arrie no seu assentamento, acenda a vela e faça seus pedidos ou agradecimentos. Vele por 3 ou 4 dias mais ou menos e despache-a ou enterre-a num local adequado. Ou, se preferir, leve direto ao ponto de força do Orixá substituindo a vela de 7 dias por uma ou 7 velas vermelhas comuns.

Observação:

Espere esfriar a oferenda para arriá-la no assentamento ou levá-la ao ponto de força do Orixá. Se for arriá-la no seu assentamento, use o mesmo fósforo ou isqueiro que você costuma usar para acender as velas no seu assentamento. Se optar por levar ao ponto de força do Orixá, leve a caixa de fósforos, acenda a vela, ou as velas, e, se for o caso, deixe-a semiaberta com as cabeças dos palitos para fora. Não pode estar chovendo na hora da entrega. O mesmo vale para a hora em que for despachar ou enterrar a oferenda caso tenha sido velada no seu assentamento.

Diferente das outras, não pode ser arriada ou velada dentro do terreiro, templo ou casa no altar dos Orixás (congá, peji, assento, santuário, quarto de santo), e sim no assentamento do Bará no lado de fora ou ao ponto de força do Orixá.

Pontos de força onde se pode arriar, despachar ou enterrar a oferenda

Encruzilhada de rua de terra ou asfalto aberta, encruzilhada de mato e encruzilhada de praia, dependendo da classe do Orixá. O que não impede de ser enterrada no seu pátio, depois de velada no seu assentamento.

Oferenda D

Material necessário:
- ▶ 1 bandeja de papelão média
- ▶ Papel de seda vermelha ou folhas de mamoneiro
- ▶ 1 quilo de milho de galinha
- ▶ 500 gramas de farinha de mandioca

- 7 moedas de qualquer valor
- Mel
- 7 balas de mel
- Óleo de dendê
- 1 vela vermelha de 7 dias
- 1 caixa de fósforos

Modo de fazer:

Escolha o milho de galinha, coloque-o numa panela com um pouquinho de água e leve-o ao fogo. Após secar a água, coloque uns pingos de óleo de dendê e vá mexendo com uma colher de madeira até torrar bem o milho, mas deve ficar clarinho.

Coloque numa vasilha cerca de 500 gramas de farinha de mandioca, acrescente mel aos poucos, de preferência mel endurecido, e com as mãos misture-os até formar uma massa mais ou menos firme. Se for preciso, use pedaços de miolo de pão para dar liga (um pouquinho).

Depois, com as mãos pegue um pouco mais que a metade dessa massa e forme (molde) um apeté como se fosse uma pirâmide arredondada e bem pontuda. Seja rápido para moldar e coloque-o no congelador por alguns minutos para firmar, porque a tendência é que o apeté desande.

Faça o mesmo com o restante da massa, agora, moldando uma chave com dentes, ou seja, do modelo antigo. Tanto o apeté como a chave não precisam ficar perfeito.

Depois de pronto e firme, pinte o apeté e a chave com óleo de dendê usando o dedo como pincel.

Montagem da oferenda:

Decore a bandeja, forrando-a com o papel de seda vermelha, ou com as folhas de mamoneiro. Coloque na bandeja já decorada com o papel ou folhas de mamoneiro, o milho torrado bem espalhado por cima da bandeja.

Crave no apeté as 7 moedas espaçadamente uma da outra, e coloque o apeté junto com a chave bem no meio da bandeja em cima do milho torrado.

Circule o apeté e a chave com as balas de mel descascadas.

Depois de pronta, arrie no seu assentamento, acenda a vela e faça seus pedidos ou agradecimentos. Vele por 3 ou 4 dias mais ou menos e despache-a ou enterre-a num local adequado. Ou, se preferir, leve direto ao ponto de força do Orixá substituindo a vela de 7 dias por uma ou 7 velas vermelhas comuns.

Observação:

Espere esfriar a oferenda para arriá-la no assentamento ou levá-la ao ponto de força do Orixá. Se for arriá-la no seu assentamento, use o mesmo fósforo ou isqueiro que você costuma usar para acender as velas no seu assentamento. Se optar por levar ao ponto de força do Orixá, leve a caixa de fósforos, acenda a vela, ou as velas, e, se for o caso, deixe-a semiaberta com as cabeças dos palitos para fora. Não pode estar chovendo na hora da entrega. O mesmo vale para a hora em que for despachar ou enterrar a oferenda caso tenha sido velada no seu assentamento.

Essa <u>oferenda</u> também <u>pode</u> ser <u>arriada</u> ou <u>velada</u> dentro do terreiro, templo ou casa no <u>altar dos Orixás</u> (congá, peji, assento, santuário, quarto de santo).

Pontos de força onde se pode arriar, despachar ou enterrar a oferenda

Encruzilhada de rua de terra ou asfalto aberta, encruzilhada de mato e encruzilhada de praia dependendo da classe do Orixá. O que não impede de ser enterrada no seu pátio, depois de velada no seu assentamento.

Opcionais que também podem ser oferecidos

Frutas – amora, orobô, maracujá, butiá, laranja de umbigo, laranja azeda, laranja comum, manga, ameixa vermelha, jaca, jabuticaba, morango etc.

Flores – cravos vermelhos, crisântemos vermelhos etc.

Orixá Ogum

Características

Orixá senhor das contendas, deus da guerra, dos ferreiros e de todos aqueles que utilizam o ferro. Seu nome traduzido para o português significa, luta, briga, batalha.

É a força incontrolável e dominadora, patrono de todos os exércitos. Dono das armas, guerra, fogo, do trabalho manual e tecnologia, deus da sobrevivência. Deus da guerra, dono do trabalho, porque possui todas as ferramentas como símbolos, deus do ferro, do aço em que são forjados os seus instrumentos, armas e símbolos, ferramentas. É o dono da faca (obé), que é usada em matanças (obrigações).

Tem grande influência sobre as questões relacionadas a empregos e problemas ligados à polícia; esse Orixá também é dono dos caminhos das estradas de ferro. Protege também as portas de entradas das casas e templos, é o protetor dos militares, soldados, ferreiros, agricultores, lavradores, lenhadores e mecânicos.

Esse Orixá está sempre à frente, desbravando e abrindo novos caminhos. É terrível quando está irado, vingador das injustiças, jamais perdeu uma guerra.

- ▶ Seu número é: 7.
- ▶ Seu ponto de força é: no mato com muitas árvores.
- ▶ Seu dia da semana é: quinta-feira.
- ▶ Suas ervas são: guiné, oro, alevante, dinheirinho, fortuna, cevada, caruru, pata-de-vaca, alfafa, espada-de-são-jorge, lança-de-são-jorge, aipo, açoita-cavalo, aroeira, quebra-tudo etc.
- ▶ Seus metais são: ferro e aço.
- ▶ Suas cores são: verde, verde e vermelho, azulão ou azul-marinho.
- ▶ Recebe como oferendas: cabrito, galo, angolista, pombos, churrasco com farofa torrada ou com óleo de dendê, coco, coquinho, apeté de batatas-inglesas cozidas e amassadas sem cascas em forma de ferradura, óleo de dendê, mel, balas de mel, frutas, ecós, peixe etc.

- Sua saudação é: ogunhê.
- Partes do corpo que lhe pertencem: dentes, nariz, costelas, sangue, músculos e ossos da coxa.
- Suas ferramentas são: ponteiras, bigorna, machado, pá, martelo, marreta, lança, cobra de bote e rasteira, espada, enxada, ferradura, corrente de aço, pregos, espora, escudo, trilho de trem, cravos de ferraduras, búzios, tenaz, faca, torques, moedas, escudo, ferramentas em ferro ou aço de todas as espécies confeccionadas pelos ferreiros.

Filhos de Ogum

Os filhos, ou filhas, de Ogum possuem um temperamento um tanto violento, são impulsivos, briguentos, e custam a perdoar as ofensas dos outros. Não são muitos exigentes na comida, no vestir, tampouco na moradia, com raras exceções. São amigos camaradas, porém estão sempre envolvidos em demandas.

Divertidos, despertam sempre o interesse nas mulheres, mas não acreditam muito nelas, por isso costumam ter vários relacionamentos sexuais e não se fixam muito a uma só pessoa.

O arquétipo desse Orixá é das pessoas violentas, briguentas, irritantes e impulsivas, audaciosas, incapazes de perdoarem as ofensas de que foram vítimas. São dinâmicas, eficientes em tudo que fazem. Das pessoas que perseguem energicamente seus objetivos e não se desencorajam facilmente. Daquelas que nos momentos difíceis triunfam onde qualquer outro teria abandonado o combate e perdido toda a esperança.

Das que possuem humor mutável, passando de furiosos acessos de raiva ao mais tranquilo dos comportamentos. Finalmente, é o arquétipo das pessoas impetuosas e arrogantes, violentas, agem por impulso usando mais o instinto do que a razão, daquelas que se arriscam a melindrar os outros por uma certa falta de discrição quando lhes prestam serviços, mas que devido à sinceridade e franqueza de suas intenções, tornam-se difíceis de serem odiadas.

São muito emotivas e dificilmente perdoam. Da mesma forma como se irritam, logo se arrependem. Podem ser pessoas desagradáveis, antipáticas e mal humoradas.

Oferendas

Todas essas oferendas são oferendas básicas dos Orixás, bem simples de se fazer. Você pode trocar as cores das velas e do papel de seda, acrescentar, tirar ou trocar alguns dos itens conforme a sua nação, adequando a oferenda a sua casa, raiz, templo, estado ou país em que reside.

Poderá também usar itens citados numa das oferendas do mesmo Orixá em outra sem problema algum. Por exemplo, itens da oferenda A, podem ser usados na oferenda B e C, ou vice e versa. Podem-se usar também alguns utensílios pertencentes aos Orixás para enfeitar a oferenda – exemplos: leque, espelho, brincos, flores, perfumes, correntes, espada, alianças, ferramentas dos Orixás em miniaturas etc., como também outros ingredientes que sejam do seu conhecimento e que pertençam ao Orixá.

Todos os itens citados em quilos ou gramas são apenas pra se ter uma base das quantidades, pois um pouco a mais ou a menos não fará diferença, na verdade o que vai mandar na quantidade é o tamanho da bandeja.

Oferenda A

Material necessário:
- 1 bandeja de papelão grande
- Papel de seda verde, verde e vermelha ou folhas de mamoneiro
- 1 ripa fina de costela de gado com 7 ossos da costela
- 500 gramas de farinha de mandioca
- 7 moedas de qualquer valor
- Mel
- 7 balas de mel
- Óleo de dendê
- 1 vela verde ou verde e vermelha de 7 dias
- 1 caixa de fósforos

Modo de fazer:

Faça um miamiã gordo (farofa feita de farinha de mandioca misturada com óleo de dendê) – tem que ficar amarelinho e soltinho.

Asse a costela no forno do fogão sem os temperos. Após assada e ainda quente, com o dedo passe óleo de dendê nas pontas dos ossos e mel (não muito) na carne, e prenda com um arame ou algo parecido as duas pontas da costela deixando os ossos por dentro do círculo. Deixe esfriar com as duas pontas presas. Após esfriar solte as pontas, a carne deve ficar como se fosse uma ferradura de cavalo (semicírculo) – não precisa ficar perfeito. Se preferir, frite a costela no óleo de dendê.

Outra forma de fazer, é na hora de assar ou fritar a costela, prenda com um arame ou algo parecido as duas pontas da costela uma na outra deixando os ossos por dentro do círculo. Depois de assada ou frita, deixe esfriar e desprenda as pontas, ela deve ficar como se fosse uma ferradura de cavalo (semicírculo).

Montagem da oferenda:

Decore a bandeja, forrando-a com o papel de seda verde ou verde e vermelha. Se preferir, use folhas de mamoneiro. Coloque na bandeja já decorada com o papel ou folhas de mamoneiro, o miamiã gordo, bem espalhado na bandeja.

No meio da bandeja em cima do miamiã, coloque a costela assada ou frita, se for o caso.

Em volta da bandeja distribua as 7 moedas e as 7 balas de mel descascadas, intercalando uma moeda e uma bala, circulando a costela assada. Crave as moedas no miamiã no sentido como se fosse rolar em direção ao centro da bandeja, ou seja, em direção à costela.

Depois de pronta, arrie no Altar dos Orixás (congá, peji, assento, santuário, quarto de santo), acenda a vela e faça seus pedidos ou agradecimentos.

Vele por 3 ou 4 dias mais ou menos e despache-a ou enterre-a num local adequado. Ou, se preferir, leve direto ao ponto de força do

Orixá substituindo a vela de 7 dias por uma ou 7 velas verdes ou verdes e vermelhas comuns.

Observação:
Espere esfriar a oferenda para ariá-la no Altar dos Orixás ou levá-la ao ponto de força do Orixá. Se for ariá-la no seu Altar dos Orixás, use o mesmo fósforo ou isqueiro que você costuma usar para acender as velas no mesmo.

Se optar por levar ao ponto de força do Orixá, leve a caixa de fósforos, acenda a vela ou as velas, se for o caso, e deixe-a semiaberta com as cabeças dos palitos para fora. Não pode estar chovendo na hora da entrega. O mesmo vale para a hora em que for despachar ou enterrar a oferenda caso tenha sido velada no seu Altar dos Orixás.

Pontos de força onde se pode arriar, despachar ou enterrar a oferenda
No mato, numa encruzilhada de mato ou em árvores, próximo de uma praia, dependendo da classe do Orixá. O que não impede de ser enterrada no seu pátio, depois de velada no seu Altar dos Orixás.

Oferenda B

Material necessário:
- 1 bandeja de papelão grande
- Papel de seda verde, verde e vermelha ou folhas de mamoneiro
- 1 ripa fina de costela de gado com 3 ossos da costela
- 500 gramas de farinha de mandioca
- 3 laranjas
- 4 batatas-inglesas médias
- 7 moedas de qualquer valor
- Mel
- 7 balas de mel
- Óleo de dendê
- 1 vela verde ou verde e vermelha de 7 dias
- 1 caixa de fósforos

Modo de fazer:

Faça um miamiã gordo (farofa, feita de farinha de mandioca misturada com óleo de dendê) – tem que ficar amarelinho e soltinho.

Asse a costela no forno do fogão, sem temperos. Após assada e ainda quente, com o dedo passe óleo de dendê nas pontas dos ossos, e mel, não muito, na carne.

Se preferir, frite a costela no óleo de dendê.

Cozinhe as 4 batatas-inglesas médias. Ainda quentes, descasque-as e amasse-as com uma colher formando um purê. Divida esse purê em duas partes.

Depois, com as mãos e uma das partes do purê ainda quente, você deve formar (moldar) um apeté em forma de uma ferradura de cavalo, e com a outra parte do purê, um apeté em forma de uma espada. Não precisa ficar perfeito.

Depois de pronto, faça 7 furinhos em cima da ferradura com espaço um do outro (como é na ferradura), e pinte essa ferradura e a espada com óleo de dendê, mel ou com os dois juntos usando o dedo como pincel.

Montagem da oferenda:

Decore a bandeja, forrando-a com o papel de seda verde ou verde e vermelha. Se preferir, use folhas de mamoneiro.

Coloque na bandeja já decorada com o papel ou folhas de mamoneiro, o miamiã gordo, bem espalhado na bandeja.

No meio da bandeja em cima do miamiã coloque a costela assada ou frita, se for o caso. Coloque um apeté em cada lado da costela e as laranjas em forma de triângulo, cortada em cruz até o meio sem destacar as partes da mesma, ficando a costela dentro desse triângulo.

Em volta da bandeja distribua as 7 moedas e as 7 balas de mel descascadas, intercalando uma moeda e uma bala e circulando tudo.

Crave as moedas no miamiã no sentido como se fosse rolar em direção ao centro da bandeja, ou seja, em direção à costela.

Depois de pronta, arrie no Altar dos Orixás (congá, peji, assento, santuário, quarto de santo), acenda a vela e faça seus pedidos ou agradecimentos.

Vele por 3 ou 4 dias mais ou menos e despache-a ou enterre-a num local adequado. Ou, se preferir, leve direto ao ponto de força do Orixá substituindo a vela de 7 dias por uma ou 7 velas verdes ou verdes e vermelhas comuns.

Observação:
Espere esfriar a oferenda para ariá-la no Altar dos Orixás ou levá-la ao ponto de força do Orixá. Se for ariá-la no seu Altar dos Orixás, use o mesmo fósforo ou isqueiro que você costuma usar para acender as velas no mesmo. Se optar por levar ao ponto de força do Orixá, leve a caixa de fósforos, acenda a vela ou as velas, se for o caso, e deixe-a semiaberta com as cabeças dos palitos para fora. Não pode estar chovendo na hora da entrega. O mesmo vale para a hora em que for despachar ou enterrar a oferenda caso tenha sido velada no seu Altar dos Orixás.

Pontos de força onde se pode arriar, despachar ou enterrar a oferenda
No mato, numa encruzilhada de mato ou em árvores, próximo de uma praia, dependendo da classe do Orixá. O que não impede de ser enterrada no seu pátio, depois de velada no seu Altar dos Orixás.

Oferenda C
Material necessário:
- 1 bandeja de papelão média
- Papel de seda verde, verde e vermelha ou folhas de mamoneiro
- 2 pacotes de farinha de mandioca de 500 gramas cada um
- 2 laranjas
- 7 moedas de qualquer valor
- Mel
- Óleo de dendê
- 7 balas de mel
- 1 vela verde ou verde e vermelha de 7 dias
- 1 caixa de fósforos

Modo de fazer:

Faça uma farofa torrada (coloque um pacote de farinha de mandioca de 500 gramas numa vasilha e leve ao fogo mexendo com uma colher de pau até torrar a farinha virando uma farofa).

Pegue o outro pacote de farinha de mandioca, coloque numa vasilha e aos poucos vá acrescentando mel, de preferência mel endurecido.

Com as mãos, misture até se formar uma massa mais ou menos firme. Se for preciso, use pedaços de miolo de pão para dar a liga.

Depois, com as mãos, divida essa massa em duas partes, e com uma das partes forme (molde) um apeté em forma de uma ferradura de cavalo, com 7 furinhos em cima com espaço um do outro (como é na ferradura). Não precisa ficar perfeito.

Seja rápido ao moldar e coloque no congelador por alguns minutos para firmar, porque a tendência é de que desande.

Após, com a outra parte da massa e da mesma forma que você fez o apeté em forma de ferradura, faça agora um apeté em forma de uma espada.

Depois de prontos e firmes, pinte esses apetés com óleo de dendê, usando o dedo como pincel.

Corte as laranjas em 7 pedaços com cascas, como se fossem gomos.

Montagem da oferenda:

Decore a bandeja, forrando-a com o papel de seda verde ou verde e vermelha. Se preferir, use folhas de mamoneiro.

Coloque na bandeja já decorada com o papel ou folhas de mamoneiro, a farofa torrada, bem espalhada na bandeja.

No meio da bandeja em cima da farofa um do lado do outro, coloque os dois apetés.

Na volta dos apetés distribua espaçadamente os 7 pedaços da laranja com as cascas para baixo formando um círculo com os apetés dentro.

Por último, em volta da bandeja distribua as 7 moedas e as 7 balas de mel descascadas, intercalando uma moeda e uma bala espaçadamente, circulando tudo.

Crave as moedas na farofa no sentido como se fosse rolar em direção ao centro da bandeja, ou seja, em direção aos apetés.

Depois de pronta, arrie no Altar dos Orixás (congá, peji, assento, santuário, quarto de santo), acenda a vela e faça seus pedidos ou agradecimentos.

Vele por 3 ou 4 dias mais ou menos e despache-a ou enterre-a num local adequado. Ou, se preferir, leve direto ao ponto de força do Orixá substituindo a vela de 7 dias, por uma ou 7 velas verdes, ou verdes e vermelhas comuns.

Observação:
Espere esfriar a oferenda para arriá-la no Altar dos Orixás ou levá-la ao ponto de força do Orixá. Se for arriá-la no seu Altar dos Orixás, use o mesmo fósforo ou isqueiro que você costuma usar para acender as velas no mesmo. Se optar por levar ao ponto de força do Orixá, leve a caixa de fósforos, acenda a vela ou as velas, se for o caso, e deixe-a semiaberta com as cabeças dos palitos para fora. Não pode estar chovendo na hora da entrega. O mesmo vale para a hora em que for despachar ou enterrar a oferenda caso tenha sido velada no seu Altar dos Orixás.

Pontos de força onde se pode arriar, despachar ou enterrar a oferenda
No mato, numa encruzilhada de mato ou em árvores, próximo de uma praia, dependendo da classe do Orixá. O que não impede de ser enterrada no seu pátio, depois de velada no seu Altar dos Orixás.

Opcionais que também podem ser oferecidos

Frutas – limão, coco, pomelo, groselha, framboesa, butiá, laranja de umbigo, laranja comum, laranja azeda, marmelo, manga, ameixa, abacate, uva rosada, amora etc.

Flores – cravos vermelhos, crisântemos vermelhos etc.

Orixá Oiá, Iansã

Características

Orixá feminino dona da espada, do fogo, rainha dos ventos, raios, relâmpagos, trovões, ciclones, furacões, tufões, vendavais e tempestades.

Mãe dos eguns, guia dos espíritos desencarnados, senhora do cemitério. Mulher sensual e guerreira, identifica-se com as pessoas vaidosas e de temperamento imprevisível. Orixá da provocação e dos ciúmes, é também a paixão violenta que corrói, que cria sentimentos de loucura, que cria o desejo de possuir o desejo sexual.

É a volúpia, o clímax, o orgasmo do homem e da mulher. Possui uma espada como símbolo de guerra, é o único Orixá capaz de dominar os eguns (espíritos dos mortos). É irrequieta, autoritária, sensual, de temperamento muito forte, dominador e impetuoso.

Foi esposa de Xangô, para alguns Oiá é a moça e Iansã é a velha. É dona do teto, da casa, do lar. Está ligada à água, ao fogo e à terra. Tem sua morada na pitangueira, mas aceita oferendas nos cruzeiros, matas e praias pela sua "passagem" com todos os Orixás.

- Recebe como oferendas: cabrita, angolista, galinhas, pombas, acarajé, rodelas de batatas-doce fritas no óleo de dendê ou cozidas e amassadas sem cascas em forma de apeté, pipoca, óleo de dendê, feijão-miúdo cozido e refogado no óleo de dendê e temperos verdes, mel, balas de mel, frutas, ecós, peixe etc.
- Suas cores são: vermelho e branco, marrom.
- Seus números são: 7, 8 ou ainda 9.
- Seu dia da semana é: terça-feira.
- Suas ervas são: guiné, oro, alevante, dinheirinho, fortuna, avenca, espada-de-santa bárbara, folha de abóbora, alecrim, alfazema, pitangueira, manjericão, jasmim, quebra-pedras etc.
- Seus metais são: cobre, ferro, chumbo e zircônio.
- Seu ponto de força é: no mato com muitas árvores ou numa figueira.

- Sua saudação é: epaêio.
- Partes do corpo que lhe pertencem: estômago, trompas, vagina, sangue, ossos da cintura pélvica, seios.
- Suas ferramentas são: raio, espada, taça, pulseira, brincos de argolas, alianças, búzios, moedas, coroa, punhal, coração, leque, bracelete de aço, vassoura de crina de cavalo, relho de crina de cavalo, etc.

Filhos de Iansã

As filhas, ou filhos, de Iansã são audaciosas, intrigantes, autoritárias, vaidosas, pessoas sensuais, volúveis, com tendência a ter diversos relacionamentos sexuais, inclusive aventuras extraconjugais.

São extremamente ciumentas, mas quando são dedicadas a uma pessoa são ótimas companheiras. Apaixonam-se facilmente e lutam muito pelo que querem sem medir as consequências mais profundas.

São abusadas, ousadas e muitas vezes chegam a ter um ciúme doentio. Estão sempre em guerra e disputa pelo ser amado, sem medo de um ato impetuoso no campo amoroso. São ligeiras, parceiras e confiáveis. O arquétipo dessa Orixá é o das mulheres audaciosas, poderosas e autoritárias. Mulheres que podem ser fiéis e de lealdade absoluta em certas circunstância, mas que em outros momentos, quando contrariadas em seus projetos e empreendimentos, deixam-se levar a manifestações da mais extrema cólera.

Mulheres enfim cujo temperamento sensual e voluptuoso pode levá-las a aventuras amorosas extraconjugais múltiplas e frequentes, sem reserva nem decência, o que não as impede de continuarem muito ciumentas dos seus maridos, por elas mesmas enganados.

Esses arquétipos gostam de roupas e enfeites, têm intensa vida sexual, enganam, mas não gostam de serem enganados, são dominadores, atrevidos, possessivos e briguentos. Também são muito ardilosos, fazem qualquer coisa para alcançarem os objetivos desejados. São impacientes ao extremo, as coisas precisam acontecer já, no ato. Muito prestativos, responsáveis e trabalhadores.

Oferendas

Todas essas oferendas são oferendas básicas dos Orixás, bem simples de se fazer. Você pode trocar as cores das velas e do papel de seda, acrescentar, tirar ou trocar alguns dos itens conforme a sua nação, adequando a oferenda a sua casa, raiz, templo, estado ou país em que reside.

Poderá também usar itens citados numa das oferendas do mesmo Orixá em outra sem problema algum. Por exemplo, itens da oferenda A, podem ser usados na oferenda B e C, ou vice e versa. Podem-se usar também alguns utensílios pertencentes aos Orixás para enfeitar a oferenda – exemplos: leque, espelho, brincos, flores, perfumes, correntes, espada, alianças, ferramentas dos Orixás em miniaturas etc., como também outros ingredientes que sejam do seu conhecimento e que pertençam ao Orixá.

Todos os itens citados em quilos ou gramas são apenas pra se ter uma base das quantidades, pois um pouco a mais ou a menos não fará diferença, na verdade o que vai mandar na quantidade é o tamanho da bandeja.

Oferenda A

Material necessário:
- 1 bandeja de papelão grande
- Papel de seda vermelha e branca ou folhas de mamoneiro
- 1 pacote de milho de pipoca
- 1 maçã bem vermelha
- 2 batatas-doces
- 7 moedas de qualquer valor
- Mel
- Óleo de dendê

Orixá Oiá, Iansã

- 7 balas de mel
- 1 vela vermelha e branca de 7 dias, com o vermelho na parte de cima da vela
- 1 caixa de fósforos

Modo de fazer:

Estoure numa panela um pouco de milho de pipoca no óleo de cozinha.

Corte a maçã em cruz até a metade sem destacar as partes da mesma.

Cozinhe as duas batatas-doces. Ainda quentes, descasque-as e amasse-as com uma colher formando um purê. Depois, com as mãos forme (molde) um apeté como se fosse uma bola. Depois de pronto, faça um furo em cima, bem no centro da bola usando o dedo.

Pinte esse apeté, com óleo de dendê, mel ou com os dois juntos usando o dedo como pincel.

Montagem da oferenda:

Decore a bandeja forrando-a com o papel de seda, vermelha e branca. Se preferir, use folhas de mamoneiro.

Coloque na bandeja já decorada com os papéis de seda, ou as folhas de mamoneiro, e as pipocas bem espalhadas na bandeja.

No meio da bandeja em cima das pipocas, um do lado do outro, coloque a maçã e o apeté.

Em volta da maçã e do apeté distribua espaçadamente as 7 moedas e as 7 balas de mel descascadas, intercalando uma moeda e uma bala espaçadamente, circulando a maçã e o apeté.

Crave as moedas na pipoca no sentido como se fosse rolar em direção ao centro da bandeja, ou seja, em direção à maçã, e ao apeté.

Depois de pronta, arrie no Altar dos Orixás (congá, peji, assento, santuário, quarto de santo), acenda a vela e faça seus pedidos ou agradecimentos.

Vele por 3 ou 4 dias mais ou menos e despache-a ou enterre-a num local adequado. Ou se preferir, leve direto ao ponto de força do Orixá substituindo a vela de 7 dias, por 1 ou 7 velas vermelhas e brancas comuns.

Observação:
Espere esfriar a oferenda para arriar no Altar dos Orixás ou levar ao ponto de força do Orixá. Se for arriar no seu Altar dos Orixás use o mesmo fósforo ou isqueiro que você costuma usar para acender as velas no mesmo.

Se optar por levar ao ponto de força do Orixá leve a caixa de fósforos, acenda a vela ou as velas, se for o caso, e deixe-a semiaberta com as cabeças dos palitos para fora.

Não pode estar chovendo na hora da entrega. O mesmo vale para a hora que for despachar ou enterrar a oferenda caso tenha sido velada no seu Altar dos Orixás.

Pontos de força onde se pode arriar, despachar ou enterrar a oferenda
No mato, numa figueira, pitangueira ou em árvores, próximo de uma praia, dependendo da classe do Orixá. O que não impede de ser enterrada no seu pátio, depois de velada no seu Altar dos Orixás.

Oferenda B

Material necessário:
- 1 bandeja de papelão grande
- Papel de seda vermelha e branca ou folhas de mamoneiro
- 1 pacote de milho de pipoca
- 4 batatas-doces médias
- 7 moedas de qualquer valor
- Mel
- Óleo de dendê
- 7 balas de mel

Orixá Oiá, Iansã

- ► 1 vela vermelha e branca de 7 dias, com o vermelho na parte de cima da vela
- ► 1 caixa de fósforos

Modo de fazer:

Estoure numa panela um pouco de milho de pipoca no óleo de cozinha.

Asse 3 batatas-doces com casca. Depois de assadas e ainda quentes ou mornas pinte essas batatas assadas sem tirar as cascas, com óleo de dendê, mel ou com os dois juntos usando o dedo como pincel.

Pegue a outra batata-doce, corte 7 rodelas com casca não muito finas e nem muito grossas e frite-as no azeite comum ou no óleo de dendê.

Montagem da oferenda:

Decore a bandeja forrando-a com o papel de seda vermelha e branca. Se preferir, use folhas de mamoneiro.

Coloque na bandeja já decorada com os papéis de seda ou folhas de mamoneiro as pipocas bem espalhadas na bandeja.

No meio da bandeja em cima das pipocas coloque as 3 batatas-doces assadas uma do lado da outra em forma de triângulo.

Em volta das batatas-doces distribua espaçadamente as 7 rodelas de batata fritas circulando as batatas assadas.

Em volta da bandeja distribua as 7 moedas e as 7 balas de mel descascadas, intercalando uma moeda e uma bala espaçadamente, circulando tudo.

Crave as moedas na pipoca no sentido como se fosse rolar em direção ao centro da bandeja, ou seja, em direção das batatas-doces.

Depois de pronta arrie no Altar dos Orixás (congá, peji, assento, santuário, quarto de santo), acenda a vela e faça seus pedidos ou agradecimentos.

Vele por 3 ou 4 dias mais ou menos e despache-a ou enterre-a num local adequado. Ou se preferir, leve direto ao ponto de força do

Orixá substituindo a vela de 7 dias, por uma ou 7 velas vermelhas e brancas comuns.

Observação:

Espere esfriar a oferenda para ariá-la no Altar dos Orixás ou levá--la ao ponto de força do Orixá. Se for ariá-la no seu Altar dos Orixás, use o mesmo fósforo ou isqueiro que você costuma usar para acender as velas no mesmo. Se optar por levar ao ponto de força do Orixá, leve a caixa de fósforos, acenda a vela ou as velas, se for o caso, e deixe-a semiaberta com as cabeças dos palitos para fora. Não pode estar chovendo na hora da entrega. O mesmo vale para a hora em que for despachar ou enterrar a oferenda caso tenha sido velada no seu Altar dos Orixás.

Pontos de força onde se pode arriar, despachar ou enterrar a oferenda

No mato, numa figueira, pitangueira ou em árvores, próximo de uma praia, dependendo da classe do Orixá. O que não impede de ser enterrada no seu pátio, depois de velada no seu Altar dos Orixás.

Oferenda C

Material necessário:
- 1 bandeja de papelão grande
- Papel de seda vermelha e branca ou folhas de mamoneiro
- 1 pacote de milho de pipoca
- 300 gramas de farinha de mandioca
- 3 rosas vermelhas
- 7 moedas de qualquer valor
- Mel
- Óleo de dendê
- 7 balas de mel
- 1 vela vermelha e branca de 7 dias, com o vermelho na parte de cima da vela
- 1 caixa de fósforos

Modo de fazer:

Estoure numa panela um pouco de milho de pipoca no óleo de cozinha.

Pegue mais ou menos 300 gramas de farinha de mandioca, coloque numa vasilha e acrescente mel, de preferência mel endurecido, e com as mãos misture tudo até se formar uma massa mais ou menos firme. Se for preciso use pedaços de miolo de pão para dar liga.

Depois, com as mãos, forme (molde) um apeté como se fosse uma bola. Com o dedo faça um furo bem no meio dessa bola na parte de cima.

Seja rápido para moldar e coloque no congelador por alguns minutos para firmar, porque a tendência é que a mistura desande.

Depois de pronto e firme, pinte esse apeté com óleo de dendê, usando o dedo como pincel.

Montagem da oferenda:

Decore a bandeja forrando-a com o papel de seda, vermelho e branco. Se preferir, use folhas de mamoneiro.

Coloque na bandeja já decorada com os papéis de seda ou folhas de mamoneiro as pipocas bem espalhada na bandeja.

No meio da bandeja em cima das pipocas coloque o apeté.

Em volta do apeté coloque as rosas vermelhas em forma de triângulo.

Em volta da bandeja distribua as 7 moedas e as 7 balas de mel descascadas, intercalando uma moeda e uma bala espaçadamente, circulando tudo.

Crave as moedas na pipoca no sentido como se fosse rolar em direção ao centro da bandeja, ou seja, em direção ao apeté.

Depois de pronta, arrie no Altar dos Orixás (congá, peji, assento, santuário, quarto de santo), acenda a vela e faça seus pedidos ou agradecimentos.

Vele por 3 ou 4 dias mais ou menos e despache-a ou enterre-a num local adequado. Ou se preferir, leve direto ao ponto de força do Orixá substituindo a vela de 7 dias, por 1 ou 7 velas vermelhas e brancas comuns.

Observação:
Espere esfriar a oferenda para arriá-la no Altar dos Orixás ou levá--la ao ponto de força do Orixá. Se for arriá-la no seu Altar dos Orixás, use o mesmo fósforo ou isqueiro que você costuma usar para acender as velas no mesmo. Se optar por levar ao ponto de força do Orixá, leve a caixa de fósforos, acenda a vela ou as velas, se for o caso, e deixe-a semiaberta com as cabeças dos palitos para fora. Não pode estar chovendo na hora da entrega. O mesmo vale para a hora em que for despachar ou enterrar a oferenda caso tenha sido velada no seu Altar dos Orixás.

Pontos de força onde se pode arriar, despachar ou enterrar a oferenda
No mato, numa figueira, pitangueira ou em árvores, próximo de uma praia, dependendo da classe do Orixá. O que não impede de ser enterrada no seu pátio, depois de velada no seu Altar dos Orixás.

Opcionais que também podem ser oferecidos

Frutas – goiaba, groselha, framboesa, bergamota, tangerina, cereja vermelha, ameixa vermelha, uva seca, uva rosada, amora, laranja de umbigo, maçã verde, maçã vermelha, pitanga, marmelo, manga rosa, ameixa vermelha, morango etc.

Flores – rosas vermelhas, papoulas vermelhas, margaridas vermelhas, dálias vermelhas etc.

Orixá Xangô

Características

Orixá das pedreiras, coriscos, raio, fogo e trovão, protetor da justiça. Guerreiro bravo, atrevido, vaidoso, elegante e conquistador. É um Orixá temido e respeitado nas nações africanas dividindo-se em Xangô Agodô, Aganjú e Ibeji.

É viril e violento, porém justiceiro. Costuma-se dizer que Xangô castiga os mentirosos, ladrões e malfeitores. Seu símbolo é o machado duplo, chamado oxé, e a balança, símbolo da justiça.

Sua cólera é temida até pelos outros Orixás, e tudo que se refere a estudos, justiça, demandas judiciais, ao direito, contratos, documentos pertencem a Xangô.

É um dos Orixás mais cultuado no Brasil. Teve 3 esposas: Iansã, Oxum e Obá, e está sempre ligado a elas.

- Recebe como oferendas: carneiro com guampa o Xangô velho e sem guampa o novo, galo, angolista, pombos, amalás, óleo de dendê, mel, balas de mel, apetés, frutas, ecós, peixe, etc.
- Seu dia da semana é: terça-feira.
- Suas cores são: branco e vermelho.
- Seu número é: 6 ou 12.
- Suas ervas são: guiné, oro, alevante, para-raios, dinheirinho, fortuna, trevo, agrião, quebra-pedra, caruru, quiabo, folha de bananeira, manjerona, marapuama etc.
- Sua saudação é kaô cabecile.
- Seus metais são: chumbo, cobre e bronze.
- Partes do corpo que lhe pertencem: língua, glândulas salivares, esôfago, boca, sangue, brônquios, peito, ossos da face, da cintura e do abdômen.
- Seu ponto de força é: pedreira de mato, de cachoeira ou de praia.

Orixá Xangô

- Suas ferramentas são: raio, machado duplo, pilão, balança, pena ou caneta, tinteiro, livro búzios, moedas, espada, pedra de fogo, estrela de 6 pontas, etc.

Observação:

No caso de Xangô e Oxum Ibeji, são Orixás crianças gêmeas, e protegem as criancinhas.

Xangô Ibeji

- Recebe como oferendas: carneiro sem guampa, galo, angolista, pombos, amalá, frutas etc.
- Seu dia da semana é: terça-feira, podendo também ser sexta-feira ou sábado.
- Suas cores são: branco e vermelho, ou todas as cores juntas menos o preto.
- Seu número é: 6 ou 12.
- Sua saudação é: kaô cabecile.
- Seu ponto de força é: pedreiras, praças e jardins.
- Suas ferramentas são: raio, machado duplo, pilão, balança, pena ou caneta, tinteiro, livro, búzios, moedas, pedra de fogo, estrela de 6 pontas e algumas miniaturas de brinquedos etc.

Oxum Ibeji

- Recebe como oferendas: cabra, galinha, angolista, pombas, canjica amarela, farinha de milho com mel, frutas, quindins e outros doces etc.
- Suas cores são: amarela, ou todas as cores juntas menos o preto.
- Seus números são: 8 e 16.
- Seu dia da semana é: sábado.

- Sua saudação é: ieiêu.
- Seu ponto de força: na praia, rio, cachoeira ou riacho de água doce, podendo também ser em praças e jardins.
- Suas ferramentas são: coração, estrelas, leque, pulseira, corrente de ouro, brincos de ouro, aliança, anel, moedas, búzios, mamadeira, pente, espelho, caramujo e algumas miniaturas de brinquedos etc.

Filhos de Xangô

Os filhos ou filhas de Xangô são extremamente enérgicos, autoritários, machistas, teimosos, ciumentos, atrevidos e debochados, gostam de exercer influência nas pessoas e dominar a todos; são líderes natos, justos, honestos, equilibrados, porém quando contrariados, ficam possuídos de ira violenta e incontrolável.

São tidos como grandes conquistadores, fortemente atraídos pelo sexo oposto e a conquista sexual assume um papel importante na vida. São impulsivos tal qual o Orixá, porém com um grande senso de justiça.

Os filhos desse Orixá costumam ter o dom para os trabalhos de jornalistas, escritores, advogados, juízes, promotores, delegados, investigadores, cargos políticos, sindicalistas, vendedores etc.

O arquétipo desse Orixá traduz as pessoas voluntariosas e enérgéticas, altivas e conscientes de sua importância real ou suposta. Indivíduos que podem ser grandes senhores, corteses, mas que não toleram a menor contradição, e nesses casos, deixam-se possuir por crises de cólera violentas e incontroláveis.

São pessoas sensíveis ao charme do sexo oposto e que se conduzem com tato e encanto no decurso das reuniões sociais, mas que podem perder o controle e ultrapassar os limites da decência.

O arquétipo desse Orixá é aquele das pessoas que possuem um elevado sentido da sua própria dignidade e das suas obrigações, o que as leva a se comportarem com um misto de severidade e benevolência, segundo o humor do momento, mas sabendo guardar, geralmente um profundo e constante sentimento de justiça. Gostam de usar as pessoas e costumam ter muitos relacionamentos. Geralmente usam seu status ou encanto pessoal para conchavos e conquistas.

Oferendas

Todas essas oferendas são oferendas básicas dos Orixás, bem simples de se fazer. Você pode trocar as cores das velas e do papel de seda, acrescentar, tirar ou trocar alguns dos itens conforme a sua nação, adequando a oferenda a sua casa, raiz, templo, estado ou país em que reside.

Poderá também usar itens citados numa das oferendas do mesmo Orixá em outra sem problema algum. Por exemplo, itens da oferenda A, podem ser usados na oferenda B e C, ou vice e versa. Podem-se usar também alguns utensílios pertencentes aos Orixás para enfeitar a oferenda – exemplos: leque, espelho, brincos, flores, perfumes, correntes, espada, alianças, ferramentas dos Orixás em miniaturas etc., como também outros ingredientes que sejam do seu conhecimento e que pertençam ao Orixá.

Todos os itens citados em quilos ou gramas são apenas pra se ter uma base das quantidades, pois um pouco a mais ou a menos não fará diferença, na verdade o que vai mandar na quantidade é o tamanho da bandeja.

Oferenda A

Material necessário:
- 1 gamela média, alguidar ou bacia de plástico média
- Papel de seda branca e vermelha ou folhas de bananeira ou mamoneiro
- 200 gramas de farinha de mandioca
- 300 gramas de carne de peito com granito sem osso
- 6 moedas de qualquer valor
- 6 bananas comuns

- 1 atado de mostarda
- Óleo de dendê
- 6 balas de mel
- 2 tomates
- 2 cebolas
- 1 pimentão
- 2 dentes de alho
- Mel
- 1 vela branca e vermelha de 7 dias, com o branco na parte de cima da vela
- 1 caixa de fósforos

Modo de fazer:

Faça um molho com tomate, cebola, pimentão, alho, uma pitada pequena de sal, um pouquinho de água. Deixe ferver um pouco e acrescente a carne de peito picada.

Quando estiverem prontos o molho e a carne cozida, e bem seca, acrescente nesse mesmo molho a mostarda picada, misturando e cozinhando apenas no bafo.

Faça um pirão bem firme com a farinha de mandioca (Cozinhe numa panela a farinha de mandioca com água mexendo com uma colher de pau e colocando água aos poucos, até cozinhar a farinha ficando bem firme o pirão.).

Quando o pirão estiver pronto, misture-o bem com a metade do refogado feito com a carne e a mostarda. A outra metade reserve para enfeitar o amalá na hora da montagem.

Faça primeiro o refogado, depois o pirão. A mistura do refogado no pirão e a montagem do amalá devem ser feitas enquanto o pirão ainda estiver quente. Cuidado com o tamanho da gamela, alguidar ou bacia, para que caiba tudo dentro.

Se for preciso, diminua ou aumente a quantidade de farinha.

Montagem da oferenda:

Decore a gamela, forrando-a com o papel de seda branca e vermelha. Se preferir, use folhas de bananeira.

Coloque na gamela já decorada com os papéis de seda ou folhas de bananeira, mamoneiro, o pirão bem espalhado na gamela.

Distribua espaçadamente as bananas descascadas até a metade em volta da gamela, enterrando no pirão a parte com cascas e com o lado côncavo, ou seja, o lado curvado virado para dentro do amalá.

Crave as moedas nas bananas na parte descascadas por dentro do amalá no sentido como se fosse rolar para baixo em direção ao pirão. Uma moeda em cada banana.

Espalhe por cima do pirão o restante do refogado de carne, mostarda e temperos.

Em cima do refogado na frente de cada banana coloque uma bala de mel descascada.

Pingue algumas gotas de óleo de dendê e mel por cima de todo o amalá, um pouco mais de óleo de dendê do que mel.

Depois de pronta, arrie no Altar dos Orixás (congá, peji, assento, santuário, quarto de santo), acenda a vela e faça seus pedidos ou agradecimentos.

Vele por 3 ou 4 dias mais ou menos e despache-a ou enterre-a num local adequado. Ou se preferir, leve direto ao ponto de força do Orixá substituindo a vela de 7 dias, por 1 ou 6 velas brancas e vermelhas comuns.

Observação:

Espere esfriar a oferenda para arriá-la no Altar dos Orixás ou levá-la ao ponto de força do Orixá. Se for arriá-la no seu Altar dos Orixás, use o mesmo fósforo ou isqueiro que você costuma usar para acender as velas no mesmo. Se optar por levar ao ponto de força do Orixá, leve a caixa de fósforos, acenda a vela ou as velas, se for o caso, e deixe-a semiaberta com as cabeças dos palitos para fora. Não pode estar chovendo na hora da entrega. O mesmo vale para a hora em que for despachar ou enterrar a oferenda caso tenha sido velada no seu Altar dos Orixás.

Pontos de força onde se pode arriar, despachar ou enterrar a oferenda

Na pedreira de mato, pedreira de cachoeira, de praia, e também em uma praça de crianças dependendo da classe do Orixá. O que não impede de ser enterrada no seu pátio, depois de velada no seu Altar dos Orixás.

Oferenda B

Material necessário:
- 1 gamela média, alguidar ou bacia de plástico média
- Papel de seda branca e vermelha ou folhas de bananeira ou mamoneiro
- 200 gramas de farinha de mandioca
- 400 gramas de camarão
- 6 moedas de qualquer valor
- 6 bananas comuns
- 1 atado de caruru ou beldroega
- Óleo de dendê
- 6 balas de mel
- 2 maçãs
- 2 tomates
- 2 cebolas
- 1 pimentão
- 2 dentes de alho
- Mel
- 1 vela branca e vermelha de 7 dias, com o branco na parte de cima da vela
- 1 caixa de fósforos

Modo de fazer:

Faça um molho com tomate, cebola, pimentão, alho, uma pitada pequena de sal, um pouquinho de água. Deixe ferver um pouco e acrescente o camarão.

Quando estiverem prontos o molho e o camarão (cozido e bem seco), acrescente nesse molho o caruru picado, misturando e cozinhando apenas no bafo.

Faça um pirão com a farinha de mandioca deixando-o bem firme (Cozinhe numa panela a farinha de mandioca com água mexendo com uma colher de pau e colocando água aos poucos, até cozinhar a farinha ficando bem firme o pirão.).

Quando o pirão estiver pronto, misture-o com a metade do refogado feito com o camarão e o caruru. A outra metade reserve para enfeitar o amalá na hora da montagem.

Faça primeiro o refogado, depois o pirão. A mistura do refogado no pirão e a montagem do amalá devem ser feitas enquanto o pirão ainda estiver quente. Cuidado com o tamanho da gamela, alguidar ou bacia, para que caiba tudo dentro. Se for preciso diminua ou aumente a quantidade de farinha.

Montagem da oferenda:
Decore a gamela forrando-a com o papel de seda, branca e vermelha. Se preferir, use folhas de bananeira ou mamoneiro.

Coloque na gamela já decorada com os papéis de seda ou folhas de bananeira, mamoneiro o pirão bem espalhado na gamela.

Distribua espaçadamente as bananas descascadas até a metade na volta da gamela, enterrando no pirão a parte com cascas e com o lado côncavo, ou seja, o lado curvado virado para dentro do amalá.

Crave as moedas nas bananas nas partes descascadas por dentro do amalá no sentido como se fosse rolar para baixo em direção ao pirão. Uma moeda em cada banana.

Espalhe por cima do pirão o restante do refogado de camarão, caruru e temperos.

Em cima do refogado, na frente de cada banana, coloque uma bala de mel descascada.

No meio do amalá coloque uma maçã cortada em cruz até a metade sem destacar as partes.

Pegue a outra maçã, corte em 6 partes como se fossem gomos de laranja e coloque-as em volta do amalá, meio em pé, com a casca virada para fora do amalá, entre as bananas, ficando intercalado uma banana e um pedaço de maçã.

Pingue algumas gotas de óleo de dendê e mel por cima de todo o amalá, um pouco mais de óleo de dendê do que mel.

Depois de pronta, arrie no Altar dos Orixás (congá, peji, assento, santuário, quarto de santo), acenda a vela e faça seus pedidos ou agradecimentos.

Vele por 3 ou 4 dias mais ou menos e despache-a ou enterre-a num local adequado. Ou se preferir, leve direto ao ponto de força do Orixá substituindo a vela de 7 dias, por 1 ou 6 velas brancas e vermelhas comuns.

Observação:

Espere esfriar a oferenda para arriá-la no Altar dos Orixás ou levá-la ao ponto de força do Orixá. Se for arriá-la no seu Altar dos Orixás, use o mesmo fósforo ou isqueiro que você costuma usar para acender as velas no mesmo. Se optar por levar ao ponto de força do Orixá, leve a caixa de fósforos, acenda a vela ou as velas, se for o caso, e deixe-a semiaberta com as cabeças dos palitos para fora. Não pode estar chovendo na hora da entrega. O mesmo vale para a hora em que for despachar ou enterrar a oferenda caso tenha sido velada no seu Altar dos Orixás.

Pontos de força onde se pode arriar, despachar ou enterrar a oferenda

Na pedreira de mato, pedreira de cachoeira, de praia, e também em uma praça de crianças dependendo da classe do Orixá. O que não impede de ser enterrada no seu pátio, depois de velada no seu Altar dos Orixás.

Oferenda C

Material necessário:
- 1 gamela média, alguidar ou bacia de plástico média
- Papel de seda branca e vermelha ou folhas de bananeira ou mamoneiro

- 150 gramas de farinha de mandioca
- 50 gramas de farinha de milho
- 12 moedas de qualquer valor
- 12 bananas comuns
- 12 balas de mel
- 6 ou 12 frutas de diferentes qualidades que não sejam azedas
- Mel
- 1 vela branca e vermelha de 7 dias, com o branco na parte de cima da vela
- 1 caixa de fósforos

Modo de fazer:

Faça um pirão doce com mel, farinha de mandioca e farinha de milho juntas deixando o pirão bem firme (Cozinhe numa panela as farinhas com água e 6 colheres de mel, mexendo com uma colher de pau, e colocando água aos poucos, até cozinhar as farinhas ficando bem firme o pirão.).

Corte as 6 ou 12 frutas se for o caso, em pedaços pequenos e com cascas como se fosse para uma salada de frutas.

Cuidado com o tamanho da gamela, alguidar ou bacia, para que caiba tudo dentro. Se for preciso diminua ou aumente a quantidade de farinha.

Montagem da oferenda:

Decore a gamela forrando-a com o papel de seda, branca e vermelha. Se preferir, use folhas de bananeira ou mamoneiro.

Coloque na gamela já decorada com os papéis de seda ou folhas de bananeira, ou mamoneiro, o pirão bem espalhado na gamela.

Distribua circulando, as 12 bananas descascadas até a metade, em volta da gamela enterrando no pirão a parte com cascas e com o lado côncavo, ou seja, o lado curvado virado para dentro do amalá.

Crave as moedas nas bananas nas partes descascadas por dentro do amalá no sentido como se fosse rolar para baixo em direção ao pirão. Uma moeda em cada banana.

Espalhe por cima de todo pirão as frutas picadas.

Em cima das frutas picadas na frente de cada banana coloque uma bala de mel descascada.

Depois de pronta, arrie no Altar dos Orixás (congá, peji, assento, santuário, quarto de santo), acenda a vela e faça seus pedidos ou agradecimentos.

Vele por 3 ou 4 dias mais ou menos e despache-a ou enterre-a num local adequado. Ou se preferir, leve direto ao ponto de força do Orixá substituindo a vela de 7 dias, por 1 ou 6 velas brancas e vermelhas comuns.

Observação:

Espere esfriar a oferenda para arriá-la no Altar dos Orixás ou levá-la ao ponto de força do Orixá. Se for arriá-la no seu Altar dos Orixás, use o mesmo fósforo ou isqueiro que você costuma usar para acender as velas no mesmo. Se optar por levar ao ponto de força do Orixá, leve a caixa de fósforos, acenda a vela ou as velas, se for o caso, e deixe-a semiaberta com as cabeças dos palitos para fora. Não pode estar chovendo na hora da entrega. O mesmo vale para a hora em que for despachar ou enterrar a oferenda caso tenha sido velada no seu Altar dos Orixás.

Pontos de força onde se pode arriar, despachar ou enterrar a oferenda

Na pedreira de mato, pedreira de cachoeira, de praia, e também em uma praça de crianças, dependendo da classe do Orixá, o que não impede de ser enterrada no seu pátio, depois de velada no seu Altar dos Orixás.

Opcionais que também podem ser oferecidos

Frutas – cacau, jambo, romã, avelã, castanha, morango, caqui, banana, ameixa branca, maçã vermelha, marmelo, fruta de conde, pêssego etc.

Flores – cravos brancos, cravos vermelhos, crisântemos brancos, crisântemos vermelhos, copos-de-leite etc.

Orixá Odé, Oxóssi

Características

Orixá da caça, fartura, abundância, prosperidade, dono floresta, gosta do ar puro e da liberdade. Protege todos aqueles que tiram seu sustento da floresta.

Protetor e patrono dos caçadores, reside na floresta e dirige a caça para os alçapões e armadilhas de seus fiéis e protegidos. Dentro do ritual africano é o caçador de axé, e aquele que garante a comida, é o desbravador das florestas à procura de terras para assentar uma roça ou uma futura aldeia onde se instalarão futuras famílias.

Sabe manipular as ervas e folhas para salvar vidas, pois aprendeu com Ossain. Seus símbolos são: arco e fecha.

- Recebe como oferenda: porco ou leitão, cabrito novo, galo, angolista, faisão, pombos, óleo de dendê, mel, balas de mel, feijão-miúdo torrado, carne de porco frita no óleo de dendê ou comum, rodelas de batatas-inglesas fritas no óleo de cozinha, farofa doce (farinha de mandioca com mel), apetés de batata-inglesa cozidas e amassadas sem cascas, frutas, ecós, peixe etc.
- Suas cores são: azulão, azulão rosa e branco ou azulão e branco.
- Seus números são: 7, 8.
- Seu ponto de força é: no mato ou em coqueiros.
- Seu metal é: estanho.
- Suas ervas são: guiné, orô, alevante, dinheirinho, fortuna, lírio, folha de coqueiro, catinga de mulata, folha de aipim, folha de butiazeiro, cambará, caraguatá etc.
- Seu dia da semana é: segunda e para alguns sexta-feira.
- Sua saudação é: Okê, Okebamo, Okebambo.
- Partes do corpo que lhe pertencem: diafragma, intestino delgado, pulmão, sangue, ossos do tórax, ossos da cintura escapular.
- Suas ferramentas são: arco, flecha, bodoque, búzios, moedas, lança, espingarda, faca, machado etc.

Orixá Odé, Oxóssi

Filhos de Odé

Os filhos ou filhas de Odé são reservados e gostam da solidão.

São quietos, fechados, discretos e considerados de difícil convivência. São responsáveis e quando assumem responsabilidades procuram sempre cumpri-las; são dedicados a casa e à família.

Outras características de seus filhos é a ligeireza, a astúcia, a sabedoria, o jeito ardiloso para faturar a caça.

O arquétipo desse Orixá é de pessoas espertas, rápidas, sempre alertas e em movimento. São pessoas cheias de iniciativas e sempre em vias de novas descobertas ou de novas atividades. Têm o senso de responsabilidade e dos cuidados para com a família. São generosas, hospitaleiras e amigas da ordem, mas gostam muito de mudar de residência e achar novos meios de existência em detrimento, algumas vezes, de uma vida doméstica harmoniosa e calma.

Têm um senso muito grande de observação, sensibilidade e criatividade. São calmos e educados, com um gosto apurado e são muito ordeiros.

Oferendas

Todas essas oferendas são oferendas básicas dos Orixás, bem simples de se fazer. Você pode trocar as cores das velas e do papel de seda, acrescentar, tirar ou trocar alguns dos itens conforme a sua nação, adequando a oferenda a sua casa, raiz, templo, estado ou país em que reside.

Poderá também usar itens citados numa das oferendas do mesmo Orixá em outra sem problema algum. Por exemplo, itens da oferenda A, podem ser usados na oferenda B e C, ou vice e versa. Podem-se usar também alguns utensílios pertencentes aos Orixás para enfeitar a oferenda – exemplos: leque, espelho, brincos, flores, perfumes, correntes, espada, alianças, ferramentas dos Orixás em miniaturas etc., como também outros ingredientes que sejam do seu conhecimento e que pertençam ao Orixá.

Todos os itens citados em quilos ou gramas são apenas pra se ter uma base das quantidades, pois um pouco a mais ou a menos não fazerá diferença, na verdade o que vai mandar na quantidade é o tamanho da bandeja.

Oferenda A

Material necessário:
- 1 bandeja de papelão grande
- Papel de seda azulão e branco ou folhas de mamoneiro, ou bananeira
- 200 gramas de farinha de mandioca
- 7 moedas de qualquer valor
- 7 balas de mel
- Milho de pipoca
- Costela de porco com 3 ou 7 ossos
- Óleo de dendê
- Mel
- 1 vela, azulão ou azulão e branco de 7 dias
- 1 caixa de fósforos

Modo de fazer:

Estoure um pouquinho de milho de pipoca no óleo comum.

Faça um miamiã doce (farofa feita de farinha de mandioca misturada com mel) bem soltinho.

Frite a costela de porco no óleo de dendê ou óleo comum sem temperos.

Montagem da oferenda:

Decore a bandeja forrando-a com os papéis de seda, ou com as folhas de mamoneiro ou bananeira.

Coloque espalhadas num dos lados da bandeja, já decorada com os papéis ou com as folhas, a pipoca, e do outro lado o miamiã doce da mesma forma.

Em cima de tudo e em volta da bandeja coloque espaçadamente as 7 balas de mel descascadas e as moedas intercalando uma bala e uma moeda. Crave as moedas no sentido como se fosse rolar em direção ao centro da bandeja.

Pegue a costela frita e coloque-a no meio da bandeja em cima da pipoca e do miamiã doce.

Depois de pronta, arrie no Altar dos Orixás (congá, peji, assento, santuário, quarto de santo), acenda a vela e faça seus pedidos ou agradecimentos.

Vele por 3 ou 4 dias mais ou menos e despache-a ou enterre-a num local adequado. Ou se preferir, leve direto ao ponto de força do Orixá substituindo a vela de 7 dias, por 1 ou 7 velas azulão ou azulão e branca comuns.

Observação:

Espere esfriar a oferenda para arriá-la no Altar dos Orixás ou levá-la ao ponto de força do Orixá. Se for arriá-la no seu Altar dos Orixás, use o mesmo fósforo ou isqueiro que você costuma usar para acender as velas no mesmo. Se optar por levar ao ponto de força do Orixá, leve a caixa de fósforos, acenda a vela ou as velas, se for o caso, e deixe-a semiaberta com as cabeças dos palitos para fora. Não pode estar chovendo na hora da entrega. O mesmo vale para a hora em que for despachar ou enterrar a oferenda caso tenha sido velada no seu Altar dos Orixás.

Pontos de força onde se pode arriar, despachar ou enterrar a oferenda

Num coqueiro de mato, num coqueiro de praia, num mato limpo e aberto ou numa palmeira dependendo da classe do Orixá. O que não impede de ser enterrada no seu pátio, depois de velada no seu Altar dos Orixás.

Oferenda B

Material necessário:
- 1 bandeja de papelão grande
- 500 gramas de farinha de mandioca

- 7 moedas de qualquer valor
- 7 balas de mel
- 1 bife de carne de porco sem bater ou passar na máquina
- 1 pé de alface
- Mel
- 1 vela, azulão ou azulão e branco de 7 dias
- 1 caixa de fósforos

Modo de fazer:

Faça um miamiã doce (farofa feita de farinha de mandioca misturada com mel), bem soltinho.

Frite o bife de porco no mel, deixando-o mal passado.

Montagem da oferenda:

Decore a bandeja forrando-a com as folhas de alface.

Coloque espalhado em cima da bandeja já decorada com as folhas de alface o miamiã doce.

Em cima do miamiã doce e em volta da bandeja coloque espaçadamente as 7 balas de mel descascadas e as moedas intercalando uma bala e uma moeda. Crave as moedas no sentido como se fosse rolar em direção ao centro da bandeja.

Pegue o bife frito e coloque-o no meio da bandeja em cima do miamiã doce.

Depois de pronta, arrie no Altar dos Orixás (congá, peji, assento, santuário, quarto de santo), acenda a vela e faça seus pedidos ou agradecimentos.

Vele por 3 ou 4 dias mais ou menos e despache-a ou enterre-a num local adequado. Ou se preferir, leve direto ao ponto de força do Orixá substituindo a vela de 7 dias, por 1 ou 7 velas azulão ou azulão e branca comuns.

Observação:

Espere esfriar a oferenda para arriá-la no Altar dos Orixás ou levá-la ao ponto de força do Orixá. Se for arriá-la no seu Altar dos Orixás,

use o mesmo fósforo ou isqueiro que você costuma usar para acender as velas no mesmo. Se optar por levar ao ponto de força do Orixá, leve a caixa de fósforos, acenda a vela ou as velas, se for o caso, e deixe-a semiaberta com as cabeças dos palitos para fora. Não pode estar chovendo na hora da entrega. O mesmo vale para a hora em que for despachar ou enterrar a oferenda caso tenha sido velada no seu Altar dos Orixás.

Pontos de força onde se pode arriar, despachar ou enterrar a oferenda

Num coqueiro de mato, num coqueiro de praia, num mato limpo e aberto ou numa palmeira dependendo da classe do Orixá. O que não impede de ser enterrada no seu pátio, depois de velada no seu Altar dos Orixás.

Oferenda C

Material necessário:
- 1 bandeja de papelão grande
- Papel de seda azulão e branco ou folhas de mamoneiro, ou bananeira
- 200 gramas de farinha de mandioca
- 7 moedas de qualquer valor
- 7 balas de mel
- 500 gramas de feijão-miúdo
- Costela de porco com 3 ou 7 ossos
- Óleo de dendê
- Mel
- 1 vela, azulão ou azulão e branco de 7 dias
- 1 caixa de fósforos

Modo de fazer:

Faça um miamiã doce bem soltinho (farofa feita de farinha de mandioca misturada com mel).

Frite a costela de porco no óleo de dendê ou óleo comum, sem temperos.

Coloque o feijão-miúdo numa panela com um pouquinho de água e leve-o ao fogo. Após secar a água, vá mexendo com uma colher de madeira até torrar o feijão-miúdo. Não muito torrado.

Montagem da oferenda:
Decore a bandeja forrando-a com os papéis de seda, ou com as folhas de mamoneiro ou bananeira.

Coloque espalhadas num dos lados da bandeja, já decorada com os papéis ou com as folhas, o feijão-miúdo torrado e do outro lado o miamiã doce da mesma forma.

Pegue a costela frita e coloque-a no meio da bandeja em cima do feijão-miúdo e do miamiã doce.

Em cima de tudo e em volta da bandeja coloque espaçadamente as 7 balas de mel descascadas e as moedas, intercalando uma bala e uma moeda. Crave as moedas no sentido como se fosse rolar em direção ao centro da bandeja, ou seja, em direção à costela frita.

Depois de pronta, arrie no Altar dos Orixás (congá, peji, assento, santuário, quarto de santo), acenda a vela e faça seus pedidos ou agradecimentos.

Vele por 3 ou 4 dias mais ou menos e despache-a ou enterre-a num local adequado. Ou se preferir, leve direto ao ponto de força do Orixá substituindo a vela de 7 dias, por 1 ou 7 velas azulão ou azulão e branca comuns.

Observação:
Espere esfriar a oferenda para arriá-la no Altar dos Orixás ou levá-la ao ponto de força do Orixá. Se for arriá-la no seu Altar dos Orixás, use o mesmo fósforo ou isqueiro que você costuma usar para acender as velas no mesmo. Se optar por levar ao ponto de força do Orixá, leve a caixa de fósforos, acenda a vela ou as velas, se for o caso, e deixe-a semiaberta com as cabeças dos palitos para fora. Não pode estar chovendo na hora da entrega. O mesmo vale para a hora em que for despachar ou enterrar a oferenda caso tenha sido velada no seu Altar dos Orixás.

Pontos de força onde se pode arriar, despachar ou enterrar a oferenda

Num coqueiro de mato, num coqueiro de praia, num mato limpo e aberto ou numa palmeira, dependendo da classe do Orixá. O que não impede de ser enterrada no seu pátio, depois de velada no seu Altar dos Orixás.

Opcionais que também podem ser oferecidos

Frutas – laranja azeda, alfarroba, passa (uva seca), uva rosada, coco, guanabano, ameixa branca, banana do mato, coquinho, butiá, tamarindo, guaraná, acerola, frutinhas de mato, caju, uva preta etc.

Flores – cravos brancos, crisântemos brancos, girassol etc.

Orixá Otim

Características

Orixá deusa da caça e da fartura cultuada junto com Odé. Portanto, assim como Odé, também é protetora e patrona dos caçadores. Reside na floresta, gosta de ar puro e liberdade e dirige a caça para os alçapões e armadilhas de seus fiéis e protegidos. Protege todos aqueles que tiram seu sustento da floresta, mas só penetram nela com sua autorização.

Dentro do ritual africano é a caçadora de axé, é aquela que garante a comida. Apesar de ser cultuada como Orixá feminino, participa de todas as obrigações e rituais ao Orixá Odé com as mesmas oferendas, frutas e animais, mudando apenas para o sexo feminino os animais. Sabe manipular as ervas e folhas para salvar vidas, pois aprendeu com Ossain. Seu símbolo é o cântaro.

- ▶ Recebe como oferenda: porca ou leitoa, cabrita nova, galinha, angolista, faisão, pombas, óleo de dendê, mel, rodelas de batatas-inglesas fritas no óleo de cozinha, carne de porco frita no óleo de dendê ou de cozinha, farofa doce (farinha de mandioca com mel), apetés de batatas-inglesas cozidas e amassadas sem cascas, frutas, balas de mel, ecós, peixe, etc.
- ▶ Suas cores são: azulão, rosa e branco.
- ▶ Suas ervas são: guiné, orô, alevante, dinheirinho, fortuna, lírio, folha de coqueiro, catinga de mulata, folha de aipim, folha de butiazeiro, cambará, caraguatá etc.
- ▶ Seu ponto de força é: no mato ou em coqueiros.
- ▶ Seus números são: 7, 8.
- ▶ Seu metal é: estanho
- ▶ Partes do corpo que lhe pertencem: diafragma, intestino delgado, pulmão, sangue, ossos do tórax, ossos da cintura escapular.
- ▶ Seu dia da semana é: segunda e para alguns é sexta-feira.
- ▶ Sua saudação é: Okê, Okebamo, Okebambo.

▶ Suas ferramentas são: arco, flecha, bodoque, búzios, moedas, lança, espingarda, faca, machado etc.

Filhos de Otim

As filhas, ou filhos, de Otim são reservadas e gostam da solidão. São quietas, fechadas, discretas e consideradas de difícil convivência. São responsáveis e quando assumem responsabilidades procuram sempre cumpri-las, são dedicadas aos afazeres domésticos, a casa e família.

Assim como o Orixá Odé, o arquétipo desse Orixá é das pessoas espertas, rápidas, sempre alertas e em movimento, curiosos, estão sempre em busca de novas atividades e descobertas. Têm um senso muito grande de observação, sensibilidade e criatividade.

São generosas, hospitaleiras e amigas da ordem, mas gostam muito de mudar de residência e achar novos meios de existência em detrimento, algumas vezes, de uma vida doméstica harmoniosa e calma. Têm um gosto apurado e são muito ordeiros.

Oferendas

Todas essas oferendas são oferendas básicas dos Orixás, bem simples de se fazer. Você pode trocar as cores das velas e do papel de seda, acrescentar, tirar ou trocar alguns dos itens conforme a sua nação, adequando a oferenda a sua casa, raiz, templo, estado ou país em que reside.

Poderá também usar itens citados numa das oferendas do mesmo Orixá em outra sem problema algum. Por exemplo, itens da oferenda A, podem ser usados na oferenda B e C, ou vice e versa. Podem-se usar também alguns utensílios pertencentes aos Orixás para enfeitar a oferenda – exemplos: leque, espelho, brincos, flores, perfumes, correntes, espada, alianças, ferramentas dos Orixás em miniaturas etc., como também outros ingredientes que sejam do seu conhecimento e que pertençam ao Orixá.

Todos os itens citados em quilos ou gramas são apenas pra se ter uma base das quantidades, pois um pouco a mais ou a menos não fazerá diferença, na verdade o que vai mandar na quantidade é o tamanho da bandeja.

Oferenda A

Material necessário:
- 1 bandeja de papelão grande
- Papéis de seda azulão, rosa e branco ou folhas de mamoneiro, ou bananeira
- 200 gramas de farinha de mandioca
- 7 moedas de qualquer valor
- 7 balas de mel
- Milho de pipoca
- Chuleta de porco
- Óleo de dendê
- Mel
- 1 vela de 3 cores, azulão, rosa e branca, ou somente rosa e branca de 7 dias
- 1 caixa de fósforos

Modo de fazer:

Estoure um pouquinho de milho de pipoca no óleo comum.

Faça um miamiã doce bem soltinho (farofa feita de farinha de mandioca misturada com mel).

Frite a chuleta de porco no óleo de dendê ou óleo comum sem temperos.

Montagem da oferenda:

Decore a bandeja forrando-a com os papéis de seda, ou com as folhas de mamoneiro ou bananeira.

Coloque espalhadas num dos lados da bandeja, já decorada com os papéis ou com as folhas, a pipoca e do outro lado o miamiã doce da mesma forma.

Pegue a chuleta frita e coloque no meio da bandeja em cima da pipoca e do miamiã doce.

Em cima de tudo e na volta da bandeja coloque espaçadamente as 7 balas de mel descascadas e as moedas intercalando uma bala e uma moeda. Crave as moedas no sentido como se fosse rolar em direção ao centro da bandeja, ou seja, em direção da chuleta.

Depois de pronta, arrie no Altar dos Orixás (congá, peji, assento, santuário, quarto de santo), acenda a vela e faça seus pedidos ou agradecimentos.

Vele por 3 ou 4 dias mais ou menos e despache-a ou enterre-a num local adequado. Ou se preferir, leve direto ao ponto de força do Orixá substituindo a vela de 7 dias, por 1 ou 7 velas de três cores, azulão, rosa e branca comuns, ou somente rosa e branca.

Observação:

Espere esfriar a oferenda para arriá-la no Altar dos Orixás ou levá-la ao ponto de força do Orixá. Se for arriá-la no seu Altar dos Orixás, use o mesmo fósforo ou isqueiro que você costuma usar para acender as velas no mesmo. Se optar por levar ao ponto de força do Orixá, leve a caixa de fósforos, acenda a vela ou as velas, se for o caso, e deixe-a semiaberta com as cabeças dos palitos para fora. Não pode estar chovendo na hora da entrega. O mesmo vale para a hora em que for despachar ou enterrar a oferenda caso tenha sido velada no seu Altar dos Orixás.

Pontos de força onde se pode arriar, despachar ou enterrar a oferenda

Num coqueiro de mato, num coqueiro de praia, num mato limpo e aberto ou numa palmeira dependendo da classe do Orixá. O que não impede de ser enterrada no seu pátio, depois de velada no seu Altar dos Orixás.

Oferenda B

Material necessário:
- 1 bandeja de papelão grande
- 500 gramas de farinha de mandioca

- Uma batata-inglesa grande ou duas médias
- 7 moedas de qualquer valor
- 7 balas de mel
- 1 bife de carne de porco sem bater ou passar na máquina
- 1 pé de alface
- Mel
- 1 vela de 3 cores, azulão, rosa e branca, ou somente rosa e branca de 7 dias
- 1 caixa de fósforos

Modo de fazer:

Faça um miamiã doce bem soltinho (farofa feita de farinha de mandioca misturada com mel). Frite o bife de porco no mel, deixando-o mal passado.

Pegue a batata-inglesa e com a faca corte 8 pedaços como se fossem gomos de laranja. Após, frite os oitos gomos de batata no óleo de cozinha.

Montagem da oferenda:

Decore a bandeja forrando-a com as folhas de alface.

Coloque espalhado em cima da bandeja, já decorada com as folhas de alface, o miamiã doce.

Pegue o bife frito e coloque-o no meio da bandeja em cima do miamiã doce.

Ao redor do bife coloque as 8 batatas fritas.

Em volta da bandeja, em cima do miamiã doce coloque espaçadamente as 7 balas de mel descascadas e as moedas intercalando uma bala e uma moeda. Crave as moedas no sentido como se fosse rolar em direção ao centro da bandeja, ou seja, em direção ao bife.

Depois de pronta, arrie no Altar dos Orixás (congá, peji, assento, santuário, quarto de santo), acenda a vela e faça seus pedidos ou agradecimentos.

Vele por 3 ou 4 dias mais ou menos e despache-a ou enterre-a num local adequado. Ou se preferir, leve direto ao ponto de força do Orixá substituindo a vela de 7 dias, por 1 ou 7 velas de três cores, azulão, rosa e branca comuns, ou somente rosa e branca.

Observação:

Espere esfriar a oferenda para arriá-la no Altar dos Orixás ou levá-la ao ponto de força do Orixá. Se for arriá-la no seu Altar dos Orixás, use o mesmo fósforo ou isqueiro que você costuma usar para acender as velas no mesmo. Se optar por levar ao ponto de força do Orixá, leve a caixa de fósforos, acenda a vela ou as velas, se for o caso, e deixe-a semiaberta com as cabeças dos palitos para fora. Não pode estar chovendo na hora da entrega. O mesmo vale para a hora em que for despachar ou enterrar a oferenda caso tenha sido velada no seu Altar dos Orixás.

Pontos de força onde se pode arriar, despachar ou enterrar a oferenda

Num coqueiro de mato, num coqueiro de praia, num mato limpo e aberto ou numa palmeira dependendo da classe do Orixá. O que não impede de ser enterrada no seu pátio, depois de velada no seu Altar dos Orixás.

Oferenda C

Material necessário:
- 1 bandeja de papelão grande
- Papéis de seda azulão, rosa e branco ou folhas de mamoneiro, ou bananeira
- 200 gramas de farinha de mandioca
- 7 moedas de qualquer valor
- 7 balas de mel
- 500 gramas de feijão-miúdo
- Chuleta de porco
- Óleo de dendê
- Mel
- 1 vela azulão rosa e branco ou rosa e branco de 7 dias
- 1 caixa de fósforos

Modo de fazer:

Faça um miamiã doce soltinho (farofa feita de farinha de mandioca misturada com mel).

Frite a chuleta de porco no óleo de dendê ou comum, sem temperos.

Coloque o feijão-miúdo numa panela com um pouquinho de água e leve-o ao fogo. Após secar a água, vá mexendo com uma colher de madeira até torrar o feijão-miúdo. Não muito torrado.

Montagem da oferenda:

Decore a bandeja forrando-a com os papéis de seda, ou com as folhas de mamoneiro ou bananeira.

Coloque espalhadas num dos lados da bandeja, já decorada com os papéis ou com as folhas, o feijão-miúdo torrado, e do outro lado o miamiã doce da mesma forma.

Pegue a chuleta frita e coloque-a no meio da bandeja em cima do feijão-miúdo e do miamiã doce.

Em cima de tudo e em volta da bandeja coloque espaçadamente as 7 balas de mel descascadas e as moedas, intercalando uma bala e uma moeda. Crave as moedas no sentido como se fosse rolar em direção ao centro da bandeja, ou seja, em direção da chuleta frita.

Depois de pronta, arrie no Altar dos Orixás (congá, peji, assento, santuário, quarto de santo), acenda a vela e faça seus pedidos ou agradecimentos.

Vele por 3 ou 4 dias mais ou menos e despache-a ou enterre-a num local adequado. Ou se preferir, leve direto ao ponto de força do Orixá substituindo a vela de 7 dias, por 1 ou 7 velas de três cores, azulão, rosa e branca comuns, ou somente rosa e branca.

Observação:

Espere esfriar a oferenda para arriá-la no Altar dos Orixás ou levá-la ao ponto de força do Orixá. Se for arriá-la no seu Altar dos Orixás, use o mesmo fósforo ou isqueiro que você costuma usar para acender as velas no mesmo. Se optar por levar ao ponto de força do Orixá, leve a caixa de fósforos, acenda a vela ou as velas, se for o caso, e deixe-a semiaberta com as cabeças dos palitos para fora. Não pode estar chovendo na hora da entrega. O mesmo vale para a hora em que for despachar ou enterrar a oferenda caso tenha sido velada no seu Altar dos Orixás.

Pontos de força onde se pode arriar, despachar ou enterrar a oferenda
Num coqueiro de mato, num coqueiro de praia, num mato limpo e aberto ou numa palmeira dependendo da classe do Orixá. O que não impede de ser enterrada no seu pátio, depois de velada no seu Altar dos Orixás.

Opcionais que também podem ser oferecidos

Frutas – laranja azeda, alfarroba, passa (uva seca), uva rosada, coco, guanabano, ameixa branca, banana do mato, coquinho, butiá, tamarindo, guaraná, acerola, frutinhas de mato, caju, uva preta etc.

Flores – rosas brancas, palmas cor-de-rosa, margaridas brancas, dálias rosa, populas rosas etc.

Orixá Logun edé

Características

Orixá jovem da caça, da pesca e dos rios, características essas herdadas de seus pais Oxóssi e Oxum. É o resultado do encanto ou encantamento desses Orixás, portanto possui a riqueza e a sabedoria dos dois, não admitindo a imperfeição. Vive 6 meses com o pai na caça e 6 meses com a mãe na água doce.

Rege o encanto dos jovens, o namoro, o carinho, o romance, a ingenuidade, a adolescência, a beleza. Seu maior encanto está no primeiro beijo. Também é considerado o protetor dos animais, das florestas e dos rios. Seus símbolos são Balança, Ofá, Abebè e Cavalo-marinho.

- ▶ Suas cores são: azul-turquesa e amarelo-ouro.
- ▶ Seu dia é: quinta-feira.
- ▶ Sua saudação é: logun ô akofá.
- ▶ Suas ervas são: as mesmas de Oxóssi e algumas de Oxum.
- ▶ Seus metais são: estanho, ouro, cobre amarelo.
- ▶ Partes do corpo que lhe pertencem: diafragma, intestino delgado, pulmão, sangue, ossos do tórax, ossos da cintura escapular.
- ▶ Seu ponto de força é: no mato, rios, praias, cachoeiras, cascatas ou em locais com coqueiros ou palmeiras.
- ▶ Seu número é: 7 ou 8.
- ▶ Suas ferramentas são: as mesmas de Oxóssi e algumas de Oxum.
- ▶ Recebe como oferendas: os mesmos animais de Oxóssi e suas oferendas e algumas oferendas de Oxum.

Filhos de Logun Edé

Os filhos, ou filhas, de Logun edé geralmente trazem como características a soma dos filhos do Orixá Oxum e do Orixá Oxóssi, que são seus pais.

São muito belos e, mesmo tendo uma idade bastante avançada, aparentam sempre mais jovens. São muito dengosos, ciumentos e adoram perfumes, flores, paisagens e tudo o que está relacionado à arte e aos movimentos artísticos. Na maioria das vezes, mesmo sendo extremamente soberbos, arrogantes e prepotentes, importam-se muito com o sofrimento dos outros, ajudando-os em tudo aquilo que puderem.

O arquétipo desse Orixá é a mistura do arquétipo de seus pais, Oxóssi e Oxum.

Oferendas

Todas essas oferendas são oferendas básicas dos Orixás, bem simples de se fazer. Você pode trocar as cores das velas e do papel de seda, acrescentar, tirar ou trocar alguns dos itens conforme a sua nação, adequando a oferenda a sua casa, raiz, templo, estado ou país em que reside.

Poderá também usar itens citados numa das oferendas do mesmo Orixá em outra sem problema algum. Por exemplo, itens da oferenda A, podem ser usados na oferenda B e C, ou vice e versa. Podem-se usar também alguns utensílios pertencentes aos Orixás para enfeitar a oferenda – exemplos: leque, espelho, brincos, flores, perfumes, correntes, espada, alianças, ferramentas dos Orixás em miniaturas etc., como também outros ingredientes que sejam do seu conhecimento e que pertençam ao Orixá.

Todos os itens citados em quilos ou gramas são apenas pra se ter uma base das quantidades, pois um pouco a mais ou a menos não fazerá diferença, na verdade o que vai mandar na quantidade é o tamanho da bandeja.

Oferenda A

Material necessário:
- 1 bandeja de papelão grande
- Papéis de seda azul e amarela forte ou folhas de mamoneiro
- 200 gramas de canjica amarela
- 200 gramas de feijão-miúdo

- 2 ovos
- 7 ou 8 moedas de qualquer valor
- 7 ou 8 balas de mel
- Mel
- 1 vela, azul ou amarela forte (ouro) de 7 dias
- 1 caixa de fósforos

Modo de fazer:

Um dia antes deixe a canjica e o feijão-miúdo de molho na mesma vasilha. No outro dia troque a água e cozinhe a canjica e o feijão-miúdo juntos, temperados com 4 colheres de mel. Após cozinhar, coloque-os num escorredor para escorrer bem o caldo, ficando somente os grãos.

Cozinhe os ovos, descasque-os e corte-os em 7 ou 8 rodelas.

Montagem da oferenda:

Decore a bandeja forrando-a com os papéis de seda, ou com as folhas de mamoneiro.

Coloque espalhadas em cima da bandeja, já decorada com os papéis ou com as folhas de mamoneiro, a canjica misturada com o feijão-miúdo.

Pegue as 7 ou 8 rodelas de ovo e as distribua em cima da bandeja. Coloque um pouco de mel por cima de tudo.

Em cima de tudo e em volta da bandeja coloque espaçadamente as 7 ou 8 balas de mel descascadas e as moedas intercalando uma bala e uma moeda. Crave as moedas no sentido como se fosse rolar em direção ao centro da bandeja.

Depois de pronta arrie no seu altar dos Orixás (congá, peji, assento, santuário, quarto de santo), acenda a vela e faça seus pedidos ou agradecimentos.

Vele por 3 ou 4 dias mais ou menos e despache-a ou enterre-a num local adequado. Ou se preferir, leve direto ao ponto de força do Orixá substituindo a vela de 7 dias por 1, 7, ou 8 velas azuis ou amarelas (ouro) comuns.

Observação:
Espere esfriar a oferenda para arriá-la no Altar dos Orixás ou levá-la ao ponto de força do Orixá. Se for arriá-la no seu Altar dos Orixás, use o mesmo fósforo ou isqueiro que você costuma usar para acender as velas no mesmo. Se optar por levar ao ponto de força do Orixá, leve a caixa de fósforos, acenda a vela ou as velas, se for o caso, e deixe-a semiaberta com as cabeças dos palitos para fora. Não pode estar chovendo na hora da entrega. O mesmo vale para a hora em que for despachar ou enterrar a oferenda caso tenha sido velada no seu Altar dos Orixás.

Pontos de força onde se pode arriar, despachar ou enterrar a oferenda
No mato, rios, praias, cachoeiras, cascatas ou em locais com coqueiro ou palmeiras dependendo da classe do Orixá. O que não impede de ser enterrada no seu pátio, depois de velada no seu Altar dos Orixás.

Oferenda B

Material necessário:
- 1 bandeja de papelão grande
- Papéis de seda azul e amarela forte ou folhas de mamoneiro
- 200 gramas de canjica amarela
- Coco (fruta)
- 2 ovos
- Açúcar
- 7 ou 8 moedas de qualquer valor
- 7 ou 8 balas de mel
- Mel
- 1 vela, azul ou amarela forte (ouro) de 7 dias
- 1 caixa de fósforos

Modo de fazer:
Um dia antes deixe a canjica de molho. No outro dia troque a água e cozinhe a canjica temperada com 7 ou 8 colheres de açúcar. Após co-

zinhar, coloque-a num escorredor para escorrer bem o caldo, ficando somente os grãos.

Cozinhe os ovos, descasques e corte 7 ou 8 rodelas.

Corte 7 ou 8 fatias finas de coco.

Montagem da oferenda:

Decore a bandeja forrando-a com os papéis de seda ou com as folhas de mamoneiro.

Coloque a canjica espalhada em cima da bandeja já decorada com os papéis de seda ou folhas de mamoneiros.

Pegue as fatias de coco e coloque-as por cima da canjica, de maneira que fiquem as pontas juntas no centro da bandeja e as outras espaçadamente apontando para fora da bandeja. Devem ficar como se fossem os raios do sol.

Intercaladas nos vãos entre uma fatia e outra de coco coloque as 8 rodelas de ovo.

Em cima da canjica e em volta da bandeja coloque espaçadamente as 7 ou 8 balas de mel descascadas e as moedas intercalando uma bala e uma moeda. Crave as moedas no sentido como se fosse rolar em direção ao centro da bandeja.

Coloque um pouco de mel por cima de tudo.

Depois de pronta arrie no seu altar dos Orixás (congá, peji, assento, santuário, quarto de santo), acenda a vela e faça seus pedidos ou agradecimentos.

Vele por 3 ou 4 dias mais ou menos e despache-a ou enterre-a num local adequado. Ou se preferir, leve direto ao ponto de força do Orixá substituindo a vela de 7 dias por 1, 7, ou 8 velas azuis ou amarelas (ouro) comuns.

Observação:

Espere esfriar a oferenda para arriá-la no Altar dos Orixás ou levá-la ao ponto de força do Orixá. Se for arriá-la no seu Altar dos Orixás,

use o mesmo fósforo ou isqueiro que você costuma usar para acender as velas no mesmo. Se optar por levar ao ponto de força do Orixá, leve a caixa de fósforos, acenda a vela ou as velas, se for o caso, e deixe-a semiaberta com as cabeças dos palitos para fora. Não pode estar chovendo na hora da entrega. O mesmo vale para a hora em que for despachar ou enterrar a oferenda caso tenha sido velada no seu Altar dos Orixás.

Pontos de força onde se pode arriar, despachar ou enterrar a oferenda

No mato, rios, praias, cachoeiras, cascatas ou em locais com coqueiro ou palmeiras dependendo da classe do Orixá. O que não impede de ser enterrada no seu pátio, depois de velada no seu Altar dos Orixás.

Oferenda C

Material necessário:
- 1 bandeja de papelão grande
- Papéis de seda azul e amarela forte ou folhas de mamoneiro
- 500 gramas de farinha de mandioca
- 7 ou 8 moedas de qualquer valor
- 7 ou 8 balas de mel
- 200 gramas de feijão-miúdo
- Óleo de dendê
- Mel
- 1 vela, azul ou amarela forte (ouro) de 7 dias
- 1 caixa de fósforos

Modo de fazer:

Numa vasilha coloque a metade da farinha de mandioca e faça um miamiã doce bem soltinho (farofa, feita de farinha de mandioca misturada com mel).

Numa outra vasilha coloque a outra metade da farinha de mandioca e faça um miamiã gordo e soltinho (farofa, feita de farinha de mandioca misturada com óleo de dendê).

Cozinhe bem cozido o feijão-miúdo. Ainda quente, escorra e amasse os grãos com uma colher formando um purê. Depois, com as mãos forme (molde) um apeté como se fosse uma bola. Depois de pronto, faça um furo em cima, bem no centro da bola usando o dedo.

Pinte essa bola com mel e óleo de dendê usando o dedo como pincel e coloque um pouquinho de mel e óleo de dendê no furo.

Se for preciso use pedaços de miolo de pão para dar a liga.

Se preferir, substitua o óleo de dendê por óleo de oliva.

Montagem da oferenda:

Decore a bandeja forrando-a com os papéis de seda, ou com as folhas de mamoneiro.

Coloque espalhado num dos lados, ou seja, na metade da bandeja já decorada com os papéis ou com as folhas de mamoneiro o miamiã doce, e do outro lado o miamiã gordo da mesma forma.

Pegue o apeté de feijão-miúdo e coloque-o no meio da bandeja em cima dos miamiãs.

Em cima de tudo e em volta da bandeja coloque espaçadamente as 7 ou 8 balas de mel descascadas e as moedas, intercalando uma bala e uma moeda. Crave as moedas no sentido como se fosse rolar em direção ao centro da bandeja, ou seja, em direção ao apeté.

Coloque um pouco mel por cima de tudo.

Depois de pronta arrie no seu altar dos Orixás (congá, peji, assento, santuário, quarto de santo), acenda a vela e faça seus pedidos ou agradecimentos.

Vele por 3 ou 4 dias mais ou menos e despache-a ou enterre-a num local adequado. Ou se preferir, leve direto ao ponto de força do Orixá substituindo a vela de 7 dias por 1, 7, ou 8 velas azuis ou amarelas (ouro) comuns.

Observação:

Espere esfriar a oferenda para arriá-la no Altar dos Orixás ou levá-la ao ponto de força do Orixá. Se for arriá-la no seu Altar dos Orixás,

use o mesmo fósforo ou isqueiro que você costuma usar para acender as velas no mesmo. Se optar por levar ao ponto de força do Orixá, leve a caixa de fósforos, acenda a vela ou as velas, se for o caso, e deixe-a semiaberta com as cabeças dos palitos para fora. Não pode estar chovendo na hora da entrega. O mesmo vale para a hora em que for despachar ou enterrar a oferenda caso tenha sido velada no seu Altar dos Orixás.

Pontos de força onde se pode arriar, despachar ou enterrar a oferenda

No mato, rios, praias, cachoeiras, cascatas ou em locais com coqueiro ou palmeiras, dependendo da classe do Orixá. O que não impede de ser enterrada no seu pátio, depois de velada no seu Altar dos Orixás.

Opcionais que também podem ser oferecidos

Frutas – laranja azeda, alfarroba, passa (uva seca), uva rosada, coco, guanabano, ameixa branca, banana do mato, coquinho, butiá, tamarindo, guaraná, acerola, frutinhas de mato, caju, uva preta etc.

Flores – cravos brancos, cravos amarelos, crisântemos brancos, crisântemos amarelos, girassol etc.

Orixá Obá

Características

Orixá feminino de grande beleza, deusa do Rio Níger que carrega seu nome. Dona da guerra e das águas. Terceira mulher de Xangô, e, embora seja um Orixá feminino de muita beleza, é bastante temida, forte, enérgica. Considerada Orixá de frente mais forte que muitos Orixás masculinos.

É bastante parecida com uma Iansã velha, poderosa, sábia, madura e realista. Responde em cruzeiros junto com Bará. É a dona da roda e do leme, estando associada ao movimento e à proteção dos que andam pelas estradas contra acidentes marítimos e automobilísticos.

Conforme nos diz uma das lendas, não possui uma orelha por tê-la cortado e oferecido a Xangô em um amalá para conquistá-lo amorosamente conforme lhe aplicara Oxum. A outra diz que a perdera por um corte de espada numa guerra que participou.

Rege quase todos os tipos de conflitos, e está presente no corisco de Xangô. É muito respeitada pelos Orixás, pois com seu sabre a mão está sempre pronta para a luta.

- ▶ Recebe como oferendas: cabrita mocha, angolista, galinha podendo ser da raça polaca, pombas, frutas, óleo de dendê, mel, acarajé, milho de galinha, canjica amarela e feijão-miúdo cozidos escorridos e refogados com óleo de dendê e tempero verde salsa, lentilha, coco, chocolates, apetés, balas de mel, ecós, peixe, etc.
- ▶ Suas cores são: rosa e marrom.
- ▶ Seu número é: 7.
- ▶ Suas ervas são: guiné, orô, alevante, dinheirinho, fortuna, aspargo, amor-perfeito, urtiga, folha de abacaxi, alho, salsa, espada-de--santa-catarina, cana-do-brejo, imburana etc.
- ▶ Seus metais são: estanho e cobre.
- ▶ Seu ponto de força é: encruzilhada aberta e também no mato.
- ▶ Sua saudação é: Exó, Obá Xiré Yá!

- Partes do corpo que lhe pertencem: orelhas, apêndice, mãos, sangue, ossos das mãos.
- Seu dia da semana é: quarta-feira, para alguns, segunda-feira.
- Suas ferramentas são: espada, orelha, navalha, facão, roda de madeira, leme ou timão, moedas, búzios, gilete etc.

Filhos de Obá

As filhas, ou filhos, de Obá são lutadores, bravos, um tanto agressivos, o que as levam a ser pouco compreendidos. Frequentemente tende a ter experiências infelizes e amargas no sentido amoroso, causando-lhe desilusão, frustração, tristeza e sentimento de perda.

São pessoas ciumentas, muito zelosas com tudo o que lhe pertencem. De grande valor e dedicação, tendem a alcançar os seus ideais no sentido mais material do que sentimental. Não medem esforços para alcançar o que desejam.

São pessoas de grande beleza interior, fortes, guerreiras e honestas. O arquétipo desse Orixá é o das mulheres valorosas e incompreendidas. Suas tendências um pouco viris fazem-nas frequentemente voltar-se para o feminismo ativo. As suas atitudes militantes e agressivas são consequências de experiências infelizes ou amargas por elas vividas. Quando traídas são implacáveis. Têm suas posições bem definidas.

Os seus insucessos devem-se frequentemente a um ciúme um tanto mórbido, entretanto encontram geralmente compensação para frustrações sofridas em sucessos materiais onde sua avidez de ganho e o cuidado de nada perder dos seus bens tornam-se garantias de sucesso. São decididos e muito atuantes. Têm sucesso nos negócios e nos ganhos.

Oferendas

Todas essas oferendas são oferendas básicas dos Orixás, bem simples de se fazer. Você pode trocar as cores das velas e do papel de seda,

acrescentar, tirar ou trocar alguns dos itens conforme a sua nação, adequando a oferenda a sua casa, raiz, templo, estado ou país em que reside.

Poderá também usar itens citados numa das oferendas do mesmo Orixá em outra sem problema algum. Por exemplo, itens da oferenda A, podem ser usados na oferenda B e C, ou vice e versa. Podem-se usar também alguns utensílios pertencentes aos Orixás para enfeitar a oferenda – exemplos: leque, espelho, brincos, flores, perfumes, correntes, espada, alianças, ferramentas dos Orixás em miniaturas etc., como também outros ingredientes que sejam do seu conhecimento e que pertençam ao Orixá.

Todos os itens citados em quilos ou gramas são apenas pra se ter uma base das quantidades, pois um pouco a mais ou a menos não fará diferença, na verdade o que vai mandar na quantidade é o tamanho da bandeja.

Oferenda A

Material necessário:
- 1 bandeja de plástico grande
- Papel de seda rosa ou marrom ou folhas de mamoneiro
- 100 gramas de canjica amarela
- 100 gramas de feijão-miúdo
- 2 batatas-inglesas médias
- 7 moedas de qualquer valor
- 7 balas de mel
- Óleo de dendê
- Salsa (tempero verde)
- 1 vela rosa ou marrom de 7 dias
- 1 caixa de fósforos

Modo de fazer:

Cozinhe numa panela a canjica amarela e o feijão-miúdo juntos e sem temperos.

Após cozinhar, escorra-os bem deixando só os grãos e refogue-os com óleo de dendê e bastante salsa picada.

Cozinhe as batatas-inglesas. Ainda quentes, descasque-as e amasse-as com uma colher formando um purê. Depois, com as mãos forme (molde) um apeté como se fosse uma roda com um furo no meio (exemplo: roda de rolimã). Não precisa ficar perfeito.

Depois de pronto, pinte-o (apeté) com óleo de dendê usando o dedo como pincel.

Montagem da oferenda:

Decore a bandeja forrando-a com o papel de seda, ou com as folhas de mamoneiro.

Coloque espalhado na bandeja, já decorada com o papel ou com as folhas de mamoneiro, o refogado de canjica e feijão.

Em cima do refogado no meio da bandeja coloque o apeté feito de batata-inglesa.

Em cima de tudo e em volta da bandeja coloque espaçadamente as 7 balas de mel descascadas e as moedas intercalando uma bala e uma moeda. Crave as moedas no sentido como se fosse rolar em direção ao centro da bandeja, ou seja, em direção ao apeté.

Depois de pronta arrie no seu altar dos Orixás (congá, peji, assento, santuário, quarto de santo), acenda a vela e faça seus pedidos ou agradecimentos.

Vele por 3 ou 4 dias mais ou menos e despache-a ou enterre-a num local adequado. Ou se preferir, leve direto ao ponto de força do Orixá substituindo a vela de 7 dias por uma ou 7 velas rosas ou marrons comuns.

Observação:

Espere esfriar a oferenda para arriá-la no Altar dos Orixás ou levá-la ao ponto de força do Orixá. Se for arriá-la no seu Altar dos Orixás, use o mesmo fósforo ou isqueiro que você costuma usar para acender as velas no mesmo. Se optar por levar ao ponto de força do Orixá, leve a caixa de fósforos, acenda a vela ou as velas, se for o caso, e deixe-a semiaberta com as cabeças dos palitos para fora. Não pode estar chovendo na hora da entrega. O mesmo vale para a hora em que for despachar ou enterrar a oferenda caso tenha sido velada no seu Altar dos Orixás.

Pontos de força onde se pode arriar, despachar ou enterrar a oferenda

Numa encruzilhada aberta, no mato, ou numa figueira dependendo da classe do Orixá. O que não impede de ser enterrada no seu pátio, depois de velada no seu Altar dos Orixás.

Oferenda B

Material necessário:
- 1 bandeja de plástico grande
- Papel de seda rosa ou marrom ou folhas de mamoneiro
- 700 gramas de milho de galinha
- 7 tiras de coco (fruta)
- 7 moedas de qualquer valor
- 7 balas de mel
- Óleo de dendê
- Salsa (tempero verde)
- 1 vela rosa ou marrom de 7 dias
- 1 caixa de fósforos

Modo de fazer:

Um ou dois dias antes de fazer a oferenda escolha o milho de galinha e deixe-o de molho numa panela. No outro dia, troque a água e cozinhe o milho sem temperos.

Após cozinhar escorra-o bem deixando só os grãos e refogue-o com óleo de dendê e bastante salsa picada.

Pegue o coco (fruta) e corte-o em 7 tiras.

Montagem da oferenda:

Decore a bandeja forrando-a com o papel de seda, ou com as folhas de mamoneiro.

Coloque espalhado na bandeja, já decorada com o papel ou com as folhas de mamoneiro, o milho refogado.

Em cima do milho refogado no meio da bandeja, coloque as 7 tiras de coco de forma que fiquem as 7 pontas das tiras partindo-se do centro da bandeja espaçadamente uma da outra como se fossem os raios do sol.

Em cima de tudo e em volta da bandeja coloque espaçadamente as 7 balas de mel descascadas e as moedas intercalando uma bala e uma moeda. Crave as moedas no sentido como fosse rolar em direção ao centro da bandeja.

Depois de pronta arrie no seu altar dos Orixás (congá, peji, assento, santuário, quarto de santo), acenda a vela e faça seus pedidos ou agradecimentos.

Vele por 3 ou 4 dias mais ou menos e despache-a ou enterre-a num local adequado. Ou se preferir, leve direto ao ponto de força do Orixá substituindo a vela de 7 dias por uma ou 7 velas rosas ou marrons comuns.

Observação:

Espere esfriar a oferenda para arriá-la no Altar dos Orixás ou levá-la ao ponto de força do Orixá. Se for arriá-la no seu Altar dos Orixás, use o mesmo fósforo ou isqueiro que você costuma usar para acender as velas no mesmo. Se optar por levar ao ponto de força do Orixá, leve a caixa de fósforos, acenda a vela ou as velas, se for o caso, e deixe-a semiaberta com as cabeças dos palitos para fora. Não pode estar chovendo na hora da entrega. O mesmo vale para a hora em que for despachar ou enterrar a oferenda caso tenha sido velada no seu Altar dos Orixás.

Pontos de força onde se pode arriar, despachar ou enterrar a oferenda

Numa encruzilhada aberta, no mato, ou numa figueira dependendo da classe do Orixá. O que não impede de ser enterrada no seu pátio, depois de velada no seu Altar dos Orixás.

Oferenda C

Material necessário:
- ▶ 1 bandeja de plástico grande
- ▶ Papel de seda rosa ou marrom ou folhas de mamoneiro
- ▶ 500 gramas de lentilha
- ▶ 7 moedas de qualquer valor
- ▶ 7 balas de mel
- ▶ Um abacaxi pequeno (fruta)
- ▶ Óleo de dendê
- ▶ Salsa (tempero verde)
- ▶ 1 vela rosa ou marrom de 7 dias
- ▶ 1 caixa de fósforos

Modo de fazer:

Cozinhe numa panela a lentilha sem temperos, não muito cozida para não desmanchar os grãos.

Após cozinhá-la escorra bem, deixando só os grãos e refogue-a com óleo de dendê e bastante salsa picada.

Descasque o abacaxi e corte-o em 7 rodelas.

Montagem da oferenda:

Decore a bandeja forrando-a com o papel de seda ou com as folhas de mamoneiro.

Coloque espalhado na bandeja, já decorada com o papel ou com as folhas de mamoneiro, a lentilha refogada.

Em cima do refogado bem no meio da bandeja coloque uma fatia de abacaxi. As outras 6 fatias distribua-as em volta dessa primeira fatia.

Em cima de tudo e em volta da bandeja coloque espaçadamente as 7 balas de mel descascadas e as moedas intercalando uma bala e uma moeda. Crave as moedas na lentilha refogada no sentido como se fosse rolar em direção ao centro da bandeja.

Depois de pronta arrie no seu altar dos Orixás (congá, peji, assento, santuário, quarto de santo), acenda a vela e faça seus pedidos ou agradecimentos.

Vele por 3 ou 4 dias mais ou menos e despache-a ou enterre-a num local adequado. Ou se preferir, leve direto ao ponto de força do Orixá substituindo a vela de 7 dias por 1 ou 7 velas rosas ou marrons comuns.

Observação:

Espere esfriar a oferenda para arriá-la no Altar dos Orixás ou levá-la ao ponto de força do Orixá. Se for arriá-la no seu Altar dos Orixás, use o mesmo fósforo ou isqueiro que você costuma usar para acender as velas no mesmo. Se optar por levar ao ponto de força do Orixá, leve a caixa de fósforos, acenda a vela ou as velas, se for o caso, e deixe-a semiaberta com as cabeças dos palitos para fora. Não pode estar chovendo na hora da entrega. O mesmo vale para a hora em que for despachar ou enterrar a oferenda caso tenha sido velada no seu Altar dos Orixás.

Pontos de força onde se pode arriar, despachar ou enterrar a oferenda

Numa encruzilhada aberta, no mato, ou numa figueira dependendo da classe do Orixá. O que não impede de ser enterrada no seu pátio, depois de velada no seu Altar dos Orixás.

Opcionais que também podem ser oferecidos

Frutas – romã, coco, passa (uva seca), uva rosa, ameixa preta, ananás, abacaxi, banana da terra, manga rosa etc.

Flores – rosas cor-de-rosa, palmas rosas, dálias rosas, populas rosas, margaridas rosas etc.

Orixá Ossain

Características

Orixá habitante das matas fechadas, dono das ervas e folhas sagradas, medicinais e litúrgicas, conhece o segredo de todas elas.

Orixá da medicina, da cura, da convalescência. Junto com Oxóssi, protege as matas, os animais e as plantas medicinais. É muito solicitado nos casos de doenças, pois através das folhas ajuda a curá-las.

Detém o Axé e poder vital imprescindível das plantas, folhas e ervas usadas em todos os rituais e obrigações de cabeça e assentamento de todos os Orixás através do amací (mieró), pois dele dependerá o encantamento do ato sagrado.

É alquimista, químico, farmacêutico, homeopata, senhor das poções mágicas e curativas. O médico dos Orixás. Como diz o ditado iorubá, "sem folha não há Orixá, sem Orixá não há Axé".

Tem poder sobre todas as doenças, também pertencem a ele os ossos, nervos, músculos. As pessoas com algum defeito físico nas pernas ou que não possuam uma das pernas, quase sempre pertencem a esse Orixá.

É considerado um Orixá muito bondoso e calmo. Também está associado à adivinhação, pois é tido como escravo de Orumilá. Apresenta-se na maioria das vezes como um homem aleijado, de uma só perna, valendo-se de uma muleta para caminhar.

> ▸ Recebe como oferendas: cágado, cabrito, galos, pombos, angolista, frutas, apetés de batatas-inglesas cozidas e amassadas sem cascas, óleo de dendê, mel, linguiça com farinha de mandioca frita ou assada, doce de figo, alface, ovo cozido e cortado em rodelas, balas de mel, ecós, peixe etc.
> ▸ Seu dia da semana é: segunda-feira.
> ▸ Suas cores são: verde claro, verde e branco, verde e amarela de acordo com sua nação.
> ▸ Seu número é: 7.

- Suas ervas são: guiné, orô, alevante, dinheirinho, aroeira, guaco, fortuna, folha de abacateiro, agrião, alcachofra, alface, chicória, folha de gervão etc.
- Seus metais são: níquel, cobre, latão.
- Partes do corpo que lhe pertencem: pés, pernas, coxas, sangue, ossos dos pés.
- Seu ponto de força é: coqueiros mato, coqueiro de praia, figueira ou palmeiras.
- Sua saudação é: Eueu.
- Suas ferramentas são: muleta, coqueiro, cágado, bisturi, búzios, moedas, navalha, martelo, plaina, serrote, tesoura, agulha, linha, esquadro, compasso, faca, pinça etc.

Filhos de Ossain

Os filhos, ou filhas, de Ossain são, de um modo geral, introvertidos, desconfiados, sempre muito discretos, equilibrados, tanto em suas emoções como em seus sentimentos, agem de maneira racional não deixando que a amizade, a inimizade ou opiniões próprias suas interfiram em decisões para com os outros.

Possuem grande capacidade e eficiência. A maioria dos filhos de Ossain têm um defeito físico em uma das pernas, ou por decorrência da ligação com o Orixá virá a tê-lo por consequência de algum acidente.

Acredita-se que é o próprio Orixá que marca o filho. O arquétipo desse Orixá é o das pessoas de caráter equilibrado, capazes de controlar seus sentimentos e emoções. Daquelas que não deixam suas simpatias e antipatias intervirem em suas decisões ou influenciarem nas suas opiniões sobre pessoas e acontecimentos.

É o arquétipo dos indivíduos cuja extraordinária reserva de energia criadora e resistência passiva ajuda-os a atingir os objetivos que fixaram.

Gostam de liberdade e são desprovidos de interesses materiais, mas podem vir a acumular riqueza. São tolerantes, têm bom coração e controlam muito bem seus sentimentos.

Daqueles que não têm uma concepção estreita e um sentido convencional da moral e da justiça. Enfim, são pessoas cujos julgamentos sobre os homens e as coisas são menos fundados sobre as noções de bem e de mal do que sobre as de eficiência.

Oferendas

Todas essas oferendas são oferendas básicas dos Orixás, bem simples de se fazer. Você pode trocar as cores das velas e do papel de seda, acrescentar, tirar ou trocar alguns dos itens conforme a sua nação, adequando a oferenda a sua casa, raiz, templo, estado ou país em que reside.

Poderá também usar itens citados numa das oferendas do mesmo Orixá em outra sem problema algum. Por exemplo, itens da oferenda A, podem ser usados na oferenda B e C, ou vice e versa. Podem-se usar também alguns utensílios pertencentes aos Orixás para enfeitar a oferenda – exemplos: leque, espelho, brincos, flores, perfumes, correntes, espada, alianças, ferramentas dos Orixás em miniaturas etc., como também outros ingredientes que sejam do seu conhecimento e que pertençam ao Orixá.

Todos os itens citados em <u>quilos ou gramas</u> são apenas pra se ter uma base das <u>quantidades</u>, pois um pouco a mais ou a menos não fará diferença, na verdade o que vai mandar na quantidade é o tamanho da <u>bandeja</u>.

Oferenda A
Material necessário:
- 1 bandeja de papelão grande
- Folhas de alface ou folhas de mamoneiro
- Milho de pipoca
- Um pedaço pequeno de linguiça de porco

- 2 batatas-inglesas médias
- 7 moedas de qualquer valor
- Farinha de mandioca
- 7 balas de mel
- Óleo de dendê
- Mel
- 1 vela verde claro ou verde e branca de 7 dias
- 1 caixa de fósforos

Modo de fazer:

Cozinhe as batatas-inglesas. Ainda quentes, descasque-as e amasse-as com uma colher formando um purê. Depois, com as mãos, forme (molde) um apeté como se fosse uma pirâmide redonda, levemente arredondada na ponta (é o mesmo apeté do Bará, porém não pontudo).

Depois de pronto, pinte-o (apeté) com óleo de dendê, mel ou com os dois juntos usando o dedo como pincel.

Asse ou frite a linguiça de porco, corte 7 rodelas e passe-as na farinha de mandioca.

Estoure um pouco de milho de pipoca no óleo de cozinha.

Montagem da oferenda:

Decore a bandeja forrando-a com as folhas de alface ou mamoneiro.

Coloque espalhadas na bandeja, já decorada com as folhas de alface ou mamoneiro, as pipocas.

Crave as 7 moedas no apeté espaçadamente no sentido como se fosse rolar para baixo e coloque em cima da pipoca no meio da bandeja.

Em cima da pipoca e em volta do apeté coloque espaçadamente as 7 rodelas de linguiça.

Em volta da bandeja circulando tudo coloque as 7 balas de mel descascadas.

Depois de pronta arrie no seu altar dos Orixás (congá, peji, assento, santuário, quarto de santo), acenda a vela e faça seus pedidos ou agradecimentos.

Vele por 3 ou 4 dias mais ou menos e despache-a ou enterre-a num local adequado. Ou se preferir, leve direto ao ponto de força do Orixá substituindo a vela de 7 dias por uma ou 7 velas verdes claras ou verdes e brancas comuns.

Observação:
Espere esfriar a oferenda para arriá-la no Altar dos Orixás ou levá-la ao ponto de força do Orixá. Se for arriá-la no seu Altar dos Orixás, use o mesmo fósforo ou isqueiro que você costuma usar para acender as velas no mesmo. Se optar por levar ao ponto de força do Orixá, leve a caixa de fósforos, acenda a vela ou as velas, se for o caso, e deixe-a semiaberta com as cabeças dos palitos para fora. Não pode estar chovendo na hora da entrega. O mesmo vale para a hora em que for despachar ou enterrar a oferenda caso tenha sido velada no seu Altar dos Orixás.

Pontos de força onde se pode arriar, despachar ou enterrar a oferenda
Num coqueiro de mato, coqueiro de praia, figueira ou palmeira, dependendo da classe do Orixá. O que não impede de ser enterrada no seu pátio, depois de velada no seu Altar dos Orixás.

Oferenda B

Material necessário:
- 1 bandeja de papelão grande
- Papel de seda verde clara ou folhas de mamoneiro
- Milho de pipoca
- 2 ovos de galinha
- 7 figos, frutas ou doce enlatado
- 2 batatas-inglesas médias
- 7 moedas de qualquer valor
- 7 balas de mel
- Óleo de dendê
- Mel

- 1 vela verde clara ou verde e branca de 7 dias
- 1 caixa de fósforos

Modo de fazer:

Cozinhe as batatas-inglesas. Ainda quentes, descasque-as e amasse-as com uma colher formando um purê. Depois, com as mãos, forme (molde) um apeté como se fosse uma pirâmide redonda, levemente arredondada na ponta (é o mesmo apeté do Bará, porém não pontudo).

Depois de pronto, pinte-o (apeté) com óleo de dendê, mel ou com os dois juntos usando o dedo como pincel.

Estoure um pouco de milho de pipoca no óleo de cozinha.

Cozinhe os dois ovos e corte 7 rodelas.

Montagem da oferenda:

Decore a bandeja forrando-a com o papel de seda ou com as folhas de mamoneiro.

Coloque espalhadas na bandeja, já decorada com o papel de seda ou folhas de mamoneiro, as pipocas.

Crave as 7 moedas no apeté espaçadamente uma da outra no sentido como se fosse rolar para baixo e coloque em cima da pipoca no meio da bandeja.

Em cima da pipoca e em volta do apeté coloque espaçadamente os 7 figos e as 7 rodelas de ovo intercalando um figo e uma rodela de ovo.

Em volta da bandeja circulando tudo coloque as 7 balas de mel descascadas.

Depois de pronta, arrie no seu altar dos Orixás (congá, peji, assento, santuário, quarto de santo), acenda a vela e faça seus pedidos ou agradecimentos.

Vele por 3 ou 4 dias mais ou menos e despache-a ou enterre-a num local adequado. Ou se preferir, leve direto ao ponto de força do Orixá substituindo a vela de 7 dias por uma ou 7 velas verdes claras ou verdes e brancas comuns.

Observação:
Espere esfriar a oferenda para arriá-la no Altar dos Orixás ou levá-la ao ponto de força do Orixá. Se for arriá-la no seu Altar dos Orixás, use o mesmo fósforo ou isqueiro que você costuma usar para acender as velas no mesmo. Se optar por levar ao ponto de força do Orixá, leve a caixa de fósforos, acenda a vela ou as velas, se for o caso, e deixe-a semiaberta com as cabeças dos palitos para fora. Não pode estar chovendo na hora da entrega. O mesmo vale para a hora em que for despachar ou enterrar a oferenda caso tenha sido velada no seu Altar dos Orixás.

Pontos de força onde se pode arriar, despachar ou enterrar a oferenda
Num coqueiro de mato, coqueiro de praia, figueira ou palmeira, dependendo da classe do Orixá. O que não impede de ser enterrada no seu pátio, depois de velada no seu Altar dos Orixás.

Oferenda C

Material necessário:
- 1 bandeja de papelão grande
- Folhas de alface ou folhas de mamoneiro
- Dois ovos de galinha
- Farinha de mandioca
- Um pedaço pequeno de linguiça de porco
- 7 figos, frutas ou doce enlatado
- 3 batatas-inglesas médias
- 7 moedas de qualquer valor
- 7 balas de mel
- Óleo de dendê
- Mel
- 1 vela verde claro ou verde e branca de 7 dias
- 1 caixa de fósforos

Modo de fazer:

Cozinhe as batatas-inglesas. Ainda quentes, descasque-as e amasse-as com uma colher formando um purê. Depois, com as mãos, forme (molde) um apeté como se fosse um casco de cágado (tartaruga). Depois de pronto, pinte-o (apeté) com óleo de dendê, mel ou com os dois juntos usando o dedo como pincel.

Faça um miamiã gordo soltinho (farofa feita de farinha de mandioca misturada com óleo de dendê).

Asse ou frite a linguiça de porco, corte 7 rodelas e passe-as no miamiã gordo.

Cozinhe os 2 ovos e corte-os em 7 rodelas.

Montagem da oferenda:

Decore a bandeja forrando-a com as folhas de alface ou mamoneiro.

Coloque espalhado na bandeja, já decorada com as folhas de alface ou mamoneiro, o miamiã gordo.

Crave as 7 moedas no apeté espaçadamente uma da outra no sentido como se fosse rolar para baixo e coloque-o em cima do miamiã gordo no meio da bandeja.

Em cima do miamiã gordo e em volta do apeté distribua espaçadamente os 7 figos, as 7 rodelas de linguiça e as 7 rodelas de ovo intercalando um figo, uma rodela de linguiça e uma rodela de ovo.

Em volta da bandeja circulando tudo coloque as 7 balas de mel descascadas.

Depois de pronta, arrie no seu altar dos Orixás (congá, peji, assento, santuário, quarto de santo), acenda a vela e faça seus pedidos ou agradecimentos.

Vele por 3 ou 4 dias mais ou menos e despache-a ou enterre-a num local adequado. Ou se preferir, leve direto ao ponto de força do Orixá substituindo a vela de 7 dias por uma ou 7 velas verdes claras ou verdes e brancas comuns.

Observação:
Espere esfriar a oferenda para arriá-la no Altar dos Orixás ou levá-la ao ponto de força do Orixá. Se for arriá-la no seu Altar dos Orixás, use o mesmo fósforo ou isqueiro que você costuma usar para acender as velas no mesmo. Se optar por levar ao ponto de força do Orixá, leve a caixa de fósforos, acenda a vela ou as velas, se for o caso, e deixe-a semiaberta com as cabeças dos palitos para fora. Não pode estar chovendo na hora da entrega. O mesmo vale para a hora em que for despachar ou enterrar a oferenda caso tenha sido velada no seu Altar dos Orixás.

Pontos de força onde se pode arriar, despachar ou enterrar a oferenda
Num coqueiro de mato, coqueiro de praia, figueira ou palmeira, dependendo da classe do Orixá. O que não impede de ser enterrada no seu pátio, depois de velada no seu Altar dos Orixás.

Opcionais que também podem ser oferecidos

Frutas – cereja, amêndoa, passa (uva seca), uva branca, ameixa amarela, coco, coquinho, figo branco, abacate, figo preto, pêssego, mamão, cacau, fruta de conde, banana do mato, limão, limão-cidra, guaraná, melão etc.

Flores – cravos brancos, cravos amarelos, crisântemos brancos, crisântemos amarelos etc.

Orixá Xapanã, Omolu, Obaluaiê

Características

Orixá das pestes, da varíola, doenças contagiosas, epidérmicas, lepras, feridas, alergias, pragas, doenças essas usadas por ele como punição aos mal-feitores e desrespeitadores da terra. É o Orixá da cura e da transformação. A ele cabe o poder de criar e suprimir essas doenças.

Considerado o médico do espírito e da matéria, possui o poder de curar todas as doenças de pele e outras. Rege como órgão principal a bexiga, mas também está ligado a outros órgãos. Tem uma ligação forte com os mortos porque ele é o rei da terra, do interior da terra.

Seu símbolo principal é a vassoura de tecidos com todas as cores ou de palha-da-costa e com ela varre as impurezas trazendo a renovação e a vida. É um Orixá muito respeitado dentro do culto.

- ▶ Recebe como oferendas: cabrito, carneiro, galos, angolista, pombos, pipocas, frutas, amendoim, feijão-preto e milho de galinha torrados bem escuros quase queimados, óleo de dendê, mel, apetés de batatas-inglesas cozidas e amassadas sem cascas, coco em fatias frito no óleo de dendê, pé de moleque, ecós, balas de mel, peixe, etc.
- ▶ Seu dia da semana é: quarta-feira.
- ▶ Suas ervas são: guiné, orô, alevante, dinheirinho, fortuna, barba-de-pau, gervão, losna, absinto, cancorosa, picão, erva-de-bicho, folha de amendoeira, folha da tuna, folha da aroeira, carqueja, videira etc.
- ▶ Seu ponto de força é: no mato ou em figueiras de praia ou mato.
- ▶ Suas cores são: o preto e vermelho, roxo, lilás.
- ▶ Seu número é: 7, 8 ou 9 de acordo com a nação a que pertence.
- ▶ Sua saudação é: Abáo.
- ▶ Seu metal é: chumbo.
- ▶ Partes do corpo que lhe pertencem: pele, intestino grosso, ânus, sangue e bexiga.

▶ Suas ferramentas são: vassoura, corrente de aço, búzios, moedas, olho de cabra, favos, cruz, cachimbo, gadanho, chicote, relho de crina de cavalo etc.

Filhos de Xapanã

Os filhos ou filhas de xapanã são na maioria das vezes tristes, desanimados, calmos e mesmo que as coisas estão correndo bem se mostram insatisfeitos. Vivem muito os problemas dos outros, o que lhes causa muita satisfação íntima, são bons companheiros(as), boas mães (pais), mas guardam muitos sentimentos para si.

Tendem a ter boa situação material e na maioria das vezes são marcados pelo Orixá com algum tipo de doença de pele que nunca curam – vão e voltam por influência do Orixá. São amigos e muito leais.

O arquétipo desse Orixá é o das pessoas com tendências masoquistas que gostam de exibir seus sofrimentos e as tristezas das quais tiram uma satisfação íntima. Pessoas que são incapazes de se sentirem satisfeitas quando a vida lhes corre tranquila.

Podem atingir situações materiais invejáveis e rejeitar um belo dia todas as vantagens por causa de certos escrúpulos imaginários. Pessoas que em certos casos sentem-se capazes de se consagrar ao bem estar dos outros fazendo completa abstração de seus próprios interesses e necessidades vitais. Nos negócios são sinceros. Nos relacionamentos não têm muito sucesso, pois é pouca sua capacidade de amar e muitos optam pela solidão.

São pessoas realistas e objetivas, mas tomados de uma insatisfação constante. Na maioria das vezes são muito vingativos e amargos.

Oferendas

Todas essas oferendas são oferendas básicas dos Orixás, bem simples de se fazer. Você pode trocar as cores das velas e do papel de seda,

acrescentar, tirar ou trocar alguns dos itens conforme a sua nação, adequando a oferenda a sua casa, raiz, templo, estado ou país em que reside.

Poderá também usar itens citados numa das oferendas do mesmo Orixá em outra sem problema algum. Por exemplo, itens da oferenda A, podem ser usados na oferenda B e C, ou vice e versa. Podem-se usar também alguns utensílios pertencentes aos Orixás para enfeitar a oferenda – exemplos: leque, espelho, brincos, flores, perfumes, correntes, espada, alianças, ferramentas dos Orixás em miniaturas etc., como também outros ingredientes que sejam do seu conhecimento e que pertençam ao Orixá.

Todos os itens citados em quilos ou gramas são apenas pra se ter uma base das quantidades, pois um pouco a mais ou a menos não fará diferença, na verdade o que vai mandar na quantidade é o tamanho da bandeja.

Oferenda A

Material necessário:
- ▶ 1 bandeja de papelão grande
- ▶ Papéis de seda vermelha e preta, podendo ser roxa ou lilás, ou folhas de mamoneiro
- ▶ 500 gramas de milho de galinha
- ▶ 500 gramas de feijão-preto
- ▶ 500 gramas de amendoim sem cascas
- ▶ 4 batatas-inglesas médias
- ▶ 7 moedas de qualquer valor
- ▶ 7 balas de mel
- ▶ Óleo de dendê
- ▶ Mel
- ▶ 1 vela vermelha e preta, roxa ou lilás, de 7 dias
- ▶ 1 caixa de fósforos

Modo de fazer:

Escolha o milho de galinha, coloque-o numa panela com um pouquinho de água e leve ao fogo. Após secar a água, coloque um pouquinho de óleo de dendê e vá mexendo com uma colher de madeira até torrar o milho, deixando-o bem escuro. Faça o mesmo com o amendoim e o feijão, ou seja, torre-os, porém sem colocar o óleo de dendê e a água.

Cozinhe as batatas-inglesas. Ainda quentes, descasque-as e amasse-as com uma colher formando um purê. Depois, com as mãos, forme (molde) um apeté como se fosse o número 8 (Faça uma bola do purê e aperte aos poucos no meio da bola até ficar parecida com o número 8.).

Não precisa ficar perfeito. Depois de pronto, pinte-o com óleo de dendê, mel ou com os dois juntos usando o dedo como pincel.

Montagem da oferenda:

Decore a bandeja forrando-a com os papéis de seda, ou com as folhas de mamoneiro.

Misture bem o feijão, o milho e o amendoim torrado e os coloque espalhados na bandeja já decorada com os papéis ou com as folhas de mamoneiro.

Pegue o apeté e decore cravando nele alguns grãos de milho, feijão e o amendoim torrado. Após, coloque esse apeté bem no centro da bandeja.

Em cima de tudo e em volta da bandeja coloque espaçadamente as 7 balas de mel descascadas e as moedas, intercalando as bala e as moeda. Crave as moedas no sentido como se fosse rolar em direção ao centro da bandeja, ou seja, em direção ao apeté.

Depois de pronta, arrie no seu altar dos Orixás (congá, peji, assento, santuário, quarto de santo), acenda a vela e faça seus pedidos ou agradecimentos.

Vele por 3 ou 4 dias mais ou menos e despache-a ou enterre-a num local adequado. Ou se preferir, leve direto ao ponto de força do Orixá substituindo a vela de 7 dias por uma ou 7 velas vermelhas e pretas, roxas ou lilases comuns.

Observação:

Espere esfriar a oferenda para arriá-la no Altar dos Orixás ou levá-la ao ponto de força do Orixá. Se for arriá-la no seu Altar dos Orixás,

use o mesmo fósforo ou isqueiro que você costuma usar para acender as velas no mesmo. Se optar por levar ao ponto de força do Orixá, leve a caixa de fósforos, acenda a vela ou as velas, se for o caso, e deixe-a semiaberta com as cabeças dos palitos para fora. Não pode estar chovendo na hora da entrega. O mesmo vale para a hora em que for despachar ou enterrar a oferenda caso tenha sido velada no seu Altar dos Orixás.

Pontos de força onde se pode arriar, despachar ou enterrar a oferenda

No mato, numa figueira de mato ou praia, cinamomo ou aroeira, dependendo da classe do Orixá. O que não impede de ser enterrada no seu pátio, depois de velada no seu Altar dos Orixás.

Oferenda B

Material necessário:
- 1 bandeja de papelão grande
- Papéis de seda vermelha e preta, podendo ser roxa ou lilás, ou folhas de mamoneiro
- 500 gramas de milho de galinha
- 500 gramas de feijão-preto
- Milho de pipoca
- 1 pé de moleque
- 7 moedas de qualquer valor
- 7 balas de mel
- Óleo de dendê
- 1 vela vermelha e preta, roxa ou lilás de 7 dias
- 1 caixa de fósforos

Modo de fazer:

Escolha o milho de galinha, coloque-o numa panela com um pouquinho de água e leve-o ao fogo, após secar a água, coloque um pouquinho de óleo de dendê e vá mexendo com uma colher de madeira até torrar o milho, deixando-o bem escuro.

Faça o mesmo com o feijão-preto, ou seja, torre-o, porém sem colocar o óleo de dendê e a água.

Estoure um pouco de milho de pipoca no óleo de dendê.

Montagem da oferenda:

Decore a bandeja forrando-a com os papéis de seda, ou com as folhas de mamoneiro.

Misture bem o feijão torrado, o milho torrado e a pipoca e coloque espalhados na bandeja já decorada com os papéis ou com as folhas de mamoneiro.

Pegue o pé de moleque e coloque-o bem no centro da bandeja.

Em cima de tudo e em volta da bandeja coloque espaçadamente as 7 balas de mel descascadas e as moedas, intercalando uma bala e uma moeda. Crave as moedas no sentido como se fosse rolar em direção ao centro da bandeja, ou seja, em direção ao pé de moleque.

Depois de pronta, arrie no seu altar dos Orixás (congá, peji, assento, santuário, quarto de santo), acenda a vela e faça seus pedidos ou agradecimentos.

Vele por 3 ou 4 dias mais ou menos e despache-a ou enterre-a num local adequado. Ou se preferir, leve direto ao ponto de força do Orixá substituindo a vela de 7 dias por uma ou 7 velas vermelhas e pretas, roxas ou lilases comuns.

Observação:

Espere esfriar a oferenda para arriá-la no Altar dos Orixás ou levá--la ao ponto de força do Orixá. Se for arriá-la no seu Altar dos Orixás, use o mesmo fósforo ou isqueiro que você costuma usar para acender as velas no mesmo. Se optar por levar ao ponto de força do Orixá, leve a caixa de fósforos, acenda a vela ou as velas, se for o caso, e deixe-a semiaberta com as cabeças dos palitos para fora. Não pode estar chovendo na hora da entrega. O mesmo vale para a hora em que for despachar ou enterrar a oferenda caso tenha sido velada no seu Altar dos Orixás.

Pontos de força onde se pode arriar, despachar ou enterrar a oferenda

No mato, numa figueira de mato ou praia, cinamomo ou aroeira, dependendo da classe do Orixá. O que não impede de ser enterrada no seu pátio, depois de velada no seu Altar dos Orixás.

Oferenda C

Material necessário:
- 1 bandeja de papelão grande
- Papéis de seda vermelha e preta, podendo ser roxa ou lilás, ou folhas de mamoneiro
- 500 gramas de milho de galinha
- 500 gramas de feijão-preto
- 500 gramas de amendoim sem cascas
- Milho de pipoca
- 7 tiras de coco (fruta)
- 7 moedas de qualquer valor
- 7 balas de mel
- Óleo de dendê
- 1 vela vermelha e preta, roxa ou lilás de 7 dias
- 1 caixa de fósforos

Modo de fazer:

Escolha o milho de galinha, coloque-o numa panela com um pouquinho de água e leve-o ao fogo. Após secar a água, coloque um pouquinho de óleo de dendê e vá mexendo com uma colher de madeira até torrar o milho, deixando-o bem escuro. Faça o mesmo com o amendoim e o feijão, ou seja, torre-os, porém sem colocar o óleo de dendê e a água.

Estoure um pouco de milho de pipoca no óleo de dendê.

Frite as 7 tiras de coco no óleo de dendê

Montagem da oferenda:

Decore a bandeja forrando-a com os papéis de seda, ou com as folhas de mamoneiro.

Misture bem o feijão, o milho, o amendoim torrado e a pipoca, e coloque-os espalhados na bandeja já decorada com os papéis ou com as folhas de mamoneiro.

Pegue as 7 tiras de coco fritas e distribua-as em cima decorando a bandeja. Coloque-as de comprido, partindo as pontas juntas do centro da bandeja espaçada uma da outra, como se fossem os raios do sol.

Em cima de tudo e em volta da bandeja coloque espaçadamente as 7 balas de mel descascadas e as moedas, intercalando uma bala e uma moeda. Crave as moedas no sentido como se fosse rolar em direção ao centro da bandeja.

Depois de pronta, arrie no seu altar dos Orixás (congá, peji, assento, santuário, quarto de santo), acenda a vela e faça seus pedidos ou agradecimentos.

Vele por 3 ou 4 dias mais ou menos e despache-a ou enterre-a num local adequado. Ou se preferir, leve direto ao ponto de força do Orixá substituindo a vela de 7 dias por uma ou 7 velas vermelha e preta, roxa ou lilás comum.

Observação:

Espere esfriar a oferenda para arriá-la no Altar dos Orixás ou levá-la ao ponto de força do Orixá. Se for arriá-la no seu Altar dos Orixás, use o mesmo fósforo ou isqueiro que você costuma usar para acender as velas no mesmo. Se optar por levar ao ponto de força do Orixá, leve a caixa de fósforos, acenda a vela ou as velas, se for o caso, e deixe-a semiaberta com as cabeças dos palitos para fora. Não pode estar chovendo na hora da entrega. O mesmo vale para a hora em que for despachar ou enterrar a oferenda caso tenha sido velada no seu Altar dos Orixás.

Pontos de força onde se pode arriar, despachar ou enterrar a oferenda

No mato, numa figueira de mato ou praia, cinamomo ou aroeira, dependendo da classe do Orixá. O que não impede de ser enterrada no seu pátio, depois de velada no seu Altar dos Orixás.

Opcionais que também podem ser oferecidos

Frutas – figo preto, amêndoa, cacau, porongo, coco, cereja preta, amora preta, jabuticaba, passa (uva seca), uva moscatel, uva preta, ameixa preta, cactos, maracujá, abacate, caju etc.

Flores – cravos vermelhos, cravos roxos, crisântemos lilases, crisântemos roxos, crisântemos vermelhos etc.

Orixá Oxum

Características

Orixá feminino das águas doces, cachoeiras e rios, inclusive há um rio com seu nome na Nigéria, Ijexá e Igebú, deusa do ouro, do cobre, das riquezas materiais e espirituais, do amor e da beleza.

Rege o charme, a pose e tudo o que está relacionado à sensualidade, à sutileza e ao dengo. Protetora dos bebês e recém-nascidos. Segunda mulher de Xangô, dona do ventre e do útero da mulher, controla a fecundidade e a gestação das mulheres grávidas, por isso as crianças lhes pertencem.

Gosta de usar perfumes, colares, joias, brincos de ouro e tudo o que se relaciona com a vaidade. Juntamente com Iemanjá e Oxalá compõe os chamados Orixás de praia ou cabeças grandes.

- Recebe como oferendas: cabra, galinha, angolista, pombas, marrecas, canjica amarela, farinha de milho com mel, couve-manteiga cortada fina e refogada com mel e gema de ovo cozido, feijão-miúdo cozido e enfarofado com farinha de mandioca, canjica amarela cozida e refogada com salsa, pudim, ambrosia, frutas, apetés, quindins, mel e outros doces, ecós, balas de mel, peixe, etc.
- Sua cor é: amarelo e o amarelo ouro.
- Suas ervas são: guiné, orô, alevante, dinheirinho, fortuna, poejo, alecrim, alfazema, jasmim, lírio, sândalo, hortelã, verbena, violeta, sálvia, trevo, erva-cidreira, camomila, lágrimas-de-nossa-senhora, girassol etc.
- Seus números são: 8 e 16.
- Seus metais são: ouro e cobre amarelo.
- Seu ponto de força é: na praia, rio, cachoeira ou riacho de água doce, podendo também ser em águas salgadas.
- Partes do corpo que lhe pertencem: coração, útero, estômago, sangue, ovários, antebraço, ossos do antebraço, ossos da cintura pélvica.
- Seu dia da semana é: sábado.

- Sua saudação é: Orí Iê iêô.
- Suas ferramentas são: coração, espelho, estrelas de 8 pontas, leque, pulseira, corrente de ouro, brincos de ouro, aliança, anel, moedas, búzios, pente, caramujo, punhal, lua, sol, bracelete, etc.

Filhos de Oxum

As filhas (ou filhos) de Oxum são vaidosas, elegantes, sensuais, caprichosas, adoram luxo, perfumes, joias caras, roupas bonitas e tudo o que se relaciona com a beleza. Gostam de chamar a atenção do sexo oposto, na maioria das vezes mostram-se boas mães e donas de casa, assim como boas companheiras. Despertam com frequência ciúmes em outras mulheres e homens e estão sempre envolvidas em intrigas.

São muito chegadas a feitiços, e isso é porque a Orixá Oxum é considerada a mais feiticeira ou ligada a feitiçarias e magias do que os outros Orixás.

O arquétipo desse Orixá é o das mulheres graciosas e elegantes, com paixão pelas joias, perfumes e vestimentas caras, das mulheres que são símbolos do charme e da beleza. Voluptuosas e sensuais, porém mais reservadas que Oiá.

Elas evitam chocar a opinião pública a qual dão grande importância. Sob sua aparência graciosa e sedutora escondem uma vontade muito forte e um grande desejo de ascensão social. Têm filhos com facilidade, mas na maioria das vezes apresentam problemas durante a gravidez. São muito caprichosas e a vaidade está sempre em alta.

Mas são dadas à preguiça, indecisão e falta de cuidado. Fazem o que podem e o que não podem para alcançar um objetivo desejado, do riso ao choro, da verdade à mentira com muita facilidade.

Oferendas

Todas essas oferendas são oferendas básicas dos Orixás, bem simples de se fazer. Você pode trocar as cores das velas e do papel de seda,

acrescentar, tirar ou trocar alguns dos itens conforme a sua nação, adequando a oferenda a sua casa, raiz, templo, estado ou país em que reside.

Poderá também usar itens citados numa das oferendas do mesmo Orixá em outra sem problema algum. Por exemplo, itens da oferenda A, podem ser usados na oferenda B e C, ou vice e versa. Podem-se usar também alguns utensílios pertencentes aos Orixás para enfeitar a oferenda – exemplos: leque, espelho, brincos, flores, perfumes, correntes, espada, alianças, ferramentas dos Orixás em miniaturas etc., como também outros ingredientes que sejam do seu conhecimento e que pertençam ao Orixá.

Todos os itens citados em quilos ou gramas são apenas pra se ter uma base das quantidades, pois um pouco a mais ou a menos não fará diferença, na verdade o que vai mandar na quantidade é o tamanho da bandeja.

Oferenda A

Material necessário:
- 1 bandeja de papelão grande
- Papel de seda amarela ou folhas de mamoneiro
- 300 gramas de canjica amarela
- Manjericão
- 8 quindins
- 8 moedas de qualquer valor
- 8 balas de mel
- Mel
- 1 vela amarela de 7 dias
- 1 caixa de fósforos

Modo de fazer:

Um dia antes deixe a canjica de molho. No outro dia troque a água e cozinhe a canjica temperada com 4 colheres de mel. Após cozinhá-la, coloque num escorredor para escorrer bem o caldo.

Pique bem miudinho o manjericão.

Montagem da oferenda:

Decore a bandeja forrando-a com o papel de seda, ou com as folhas de mamoneiro.

Misture bem o manjericão picado na canjica e o coloque bem espalhado na bandeja já decorada com o papel ou com as folhas de mamoneiro.

Pegue os 8 quindins e distribua-os em cima, decorando a bandeja.

Em cima da canjica e em volta da bandeja coloque espaçadamente as 8 balas de mel descascadas e as 8 moedas, intercalando uma bala e uma moeda. Crave as moedas no sentido como se fosse rolar em direção ao centro da bandeja.

Coloque um pouco de mel por cima de tudo.

Depois de pronta, arrie no seu altar dos Orixás (congá, peji, assento, santuário, quarto de santo), acenda a vela e faça seus pedidos ou agradecimentos.

Vele por 3 ou 4 dias mais ou menos e despache-a ou enterre-a num local adequado. Ou se preferir, leve direto ao ponto de força do Orixá substituindo a vela de 7 dias por uma ou 8 velas amarelas comuns.

Observação:

Espere esfriar a oferenda para arriá-la no Altar dos Orixás ou levá-la ao ponto de força do Orixá. Se for arriá-la no seu Altar dos Orixás, use o mesmo fósforo ou isqueiro que você costuma usar para acender as velas no mesmo. Se optar por levar ao ponto de força do Orixá, leve a caixa de fósforos, acenda a vela ou as velas, se for o caso, e deixe-a semiaberta com as cabeças dos palitos para fora. Não pode estar chovendo na hora da entrega. O mesmo vale para a hora em que for despachar ou enterrar a oferenda caso tenha sido velada no seu Altar dos Orixás.

Pontos de força onde se pode arriar, despachar ou enterrar a oferenda

Na praia, rio, cachoeira ou riacho de água doce, podendo também ser em águas salgadas, dependendo da classe do Orixá. O que não impede de ser enterrada no seu pátio, depois de velada no seu Altar dos Orixás.

Oferenda B

Material necessário:
- 1 bandeja de papelão grande
- Papel de seda amarela ou folhas de mamoneiro
- Um atado grande de couve de preferência couve-manteiga
- Farinha de milho grossa ou média
- 300 gramas de feijão-miúdo
- 4 ovos
- 8 moedas de qualquer valor
- 8 balas de mel
- Mel
- 1 vela amarela de 7 dias
- 1 caixa de fósforos

Modo de fazer:

Cozinhe os ovos, separe as gemas cozidas e esmague bem.

Corte as couves em fatias finas e refogue-as com mel e a farinha de milho. Depois de refogadas misture bem com as gemas de ovos.

Cozinhe bem cozido o feijão-miúdo. Ainda quente, escorra e amasse os grãos com uma colher formando um purê. Depois, com as mãos forme (molde) um apeté como se fosse uma bola. Depois de pronto, faça um furo em cima, bem no centro da bola usando o dedo.

Pinte essa bola com mel usando o dedo como pincel e coloque mel no furo. Se for preciso, use pedaços de miolo de pão para dar a liga.

Montagem da oferenda:

Decore a bandeja forrando-a com o papel de seda, ou com as folhas de mamoneiro.

Coloque as couves refogadas bem espalhadas na bandeja já decorada com o papel ou com as folhas de mamoneiro.

No centro da bandeja coloque o apeté feito com o feijão-miúdo.

Em cima do refogado e em volta da bandeja coloque espaçadamente as 8 balas de mel descascadas e as 8 moedas, intercalando uma bala e uma moeda. Crave as moedas no sentido como se fosse rolar em direção ao centro da bandeja, ou seja, em direção ao apeté.

Coloque um pouco de mel por cima de tudo.

Depois de pronta, arrie no seu altar dos Orixás (congá, peji, assento, santuário, quarto de santo), acenda a vela e faça seus pedidos ou agradecimentos.

Vele por 3 ou 4 dias mais ou menos e despache-a ou enterre-a num local adequado. Ou se preferir, leve direto ao ponto de força do Orixá substituindo a vela de 7 dias por uma ou 8 velas amarela comum.

Observação:

Espere esfriar a oferenda para arriá-la no Altar dos Orixás ou levá-la ao ponto de força do Orixá. Se for arriá-la no seu Altar dos Orixás, use o mesmo fósforo ou isqueiro que você costuma usar para acender as velas no mesmo. Se optar por levar ao ponto de força do Orixá, leve a caixa de fósforos, acenda a vela ou as velas, se for o caso, e deixe-a semiaberta com as cabeças dos palitos para fora. Não pode estar chovendo na hora da entrega. O mesmo vale para a hora em que for despachar ou enterrar a oferenda caso tenha sido velada no seu Altar dos Orixás.

Pontos de força onde se pode arriar, despachar ou enterrar a oferenda

Na praia, rio, cachoeira ou riacho de água doce, podendo também ser em águas salgadas, dependendo da classe do Orixá. O que não impede de ser enterrada no seu pátio, depois de velada no seu Altar dos Orixás.

Oferenda C

Material necessário:
- 1 bandeja de papelão grande
- Papel de seda amarela ou folhas de mamoneiro
- 300 gramas de feijão-miúdo
- Farinha de mandioca
- 4 ovos

- 8 moedas de qualquer valor
- 8 balas de mel
- Mel
- 1 vela amarela de 7 dias
- 1 caixa de fósforos

Modo de fazer:

Cozinhe os ovos, descasque-os e corte-os ao meio, ficando 8 pedaços.

Cozinhe o feijão-miúdo e coloque-o num escorredor para escorrer o caldo, ficando sós os grãos.

Refogue os grãos do feijão com mel e farinha de mandioca. Tem que ficar soltinho.

Montagem da oferenda:

Decore a bandeja forrando-a com o papel de seda, ou com as folhas de mamoneiro.

Coloque o feijão refogado bem espalhado na bandeja já decorada com o papel ou com as folhas de mamoneiro.

Distribua em cima da bandeja as 8 metades dos ovos com a gema para cima.

Em cima do refogado e em volta da bandeja coloque espaçadamente as 8 balas de mel descascadas e as 8 moedas, intercalando uma bala e uma moeda. Crave as moedas no sentido como se fosse rolar em direção ao centro da bandeja.

Coloque um pouco de mel por cima de tudo.

Depois de pronta, arrie no seu altar dos Orixás (congá, peji, assento, santuário, quarto de santo), acenda a vela e faça seus pedidos ou agradecimentos.

Vele por 3 ou 4 dias mais ou menos e despache-a ou enterre-a num local adequado. Ou se preferir, leve direto ao ponto de força do Orixá substituindo a vela de 7 dias por uma ou 8 velas amarelas comuns.

Observação:
Espere esfriar a oferenda para arriá-la no Altar dos Orixás ou levá-la ao ponto de força do Orixá. Se for arriá-la no seu Altar dos Orixás, use o mesmo fósforo ou isqueiro que você costuma usar para acender as velas no mesmo. Se optar por levar ao ponto de força do Orixá, leve a caixa de fósforos, acenda a vela ou as velas, se for o caso, e deixe-a semiaberta com as cabeças dos palitos para fora. Não pode estar chovendo na hora da entrega. O mesmo vale para a hora em que for despachar ou enterrar a oferenda caso tenha sido velada no seu Altar dos Orixás.

Pontos de força onde se pode arriar, despachar ou enterrar a oferenda
Na praia, rio, cachoeira ou riacho de água doce, podendo também ser em águas salgadas, dependendo da classe do Orixá. O que não impede de ser enterrada no seu pátio, depois de velada no seu Altar dos Orixás.

Oferenda D

Material necessário:
- 1 bandeja plástica grande
- Papel celofane amarelo ou folhas de mamoneiro
- 1 xícara de açúcar
- 1 lata de leite condensado
- 3 ovos
- Duas medidas da vasilha de leite condensado de leite (líquido)
- 8 moedas de qualquer valor
- 8 balas de mel
- Mel
- 1 vela amarela de 7 dias
- 1 caixa de fósforos

Modo de fazer:
Numa forma para pudim coloque a xícara de açúcar e leve ao fogo médio até virar uma calda caramelada (+/- 3 minutos). Retire

do fogo e vá virando a forma, de modo que a calda forre todo o fundo e lateral da mesma. Reserve.

Pegue o liquidificador e coloque 1 lata de leite condensado, 2 latas (a mesma medida da lata de leite condensado) de leite líquido, 3 ovos e bata bem (+/- 1 minuto). Desligue o liquidificador e deixe a mistura descansar por 15 minutos.

Com a ajuda de uma colher, segure a espuma que está na superfície e despeje o conteúdo do liquidificador, com cuidado, na forma caramelada, e leve ao forno médio, em banho-maria, a 180 graus por 1 hora e meia. Retire do forno e deixe esfriar.

Se preferir, faça todo o processo da calda e pudim do seu jeito, modo ou costume sem problema algum. Inclusive nas quantias dos materiais utilizados.

Montagem da oferenda:

Decore a bandeja forrando-a com o papel celofane, ou com as folhas de mamoneiro.

Coloque o pudim na bandeja já decorada com o papel ou com as folhas de mamoneiro.

Em cima do pudim e a sua volta, coloque espaçadamente as 8 balas de mel descascadas e as 8 moedas, intercalando uma bala e uma moeda. Crave as moedas no pudim no sentido como se fosse rolar em direção ao centro da bandeja.

Coloque um pouco de mel por cima de tudo.

Se quiser, pode enfeitar tudo com fios de ovos.

Depois de pronta, arrie no seu altar dos Orixás (congá, peji, assento, santuário, quarto de santo), acenda a vela e faça seus pedidos ou agradecimentos.

Vele por 3 ou 4 dias mais ou menos e despache-a ou enterre-a num local adequado. Ou se preferir, leve direto ao ponto de força do Orixá substituindo a vela de 7 dias por uma ou 8 velas amarelas comuns.

Observação:
　　Espere esfriar a oferenda para arriá-la no Altar dos Orixás ou levá-la ao ponto de força do Orixá. Se for arriá-la no seu Altar dos Orixás, use o mesmo fósforo ou isqueiro que você costuma usar para acender as velas no mesmo. Se optar por levar ao ponto de força do Orixá, leve a caixa de fósforos, acenda a vela ou as velas, se for o caso, e deixe-a semiaberta com as cabeças dos palitos para fora. Não pode estar chovendo na hora da entrega. O mesmo vale para a hora em que for despachar ou enterrar a oferenda caso tenha sido velada no seu Altar dos Orixás.

Pontos de força onde se pode arriar, despachar ou enterrar a oferenda
　　Na praia, rio, cachoeira ou riacho de água doce, podendo também ser em águas salgadas, dependendo da classe do Orixá. O que não impede de ser enterrada no seu pátio, depois de velada no seu Altar dos Orixás.

Opcionais que também podem ser oferecidos

Frutas – manga, mamão, tâmara, maçã verde, bergamota, damasco, passa (uva seca), uva branca, ameixa amarela, coquinho, pêssego, melão, tangerina, pera, banana ouro, maracujá cereja etc.

Flores – rosas amarelas, amor perfeito, margaridas amarelas, dálias amarelas, populas amarelas etc.

Orixá Iemanjá

Características

Orixá feminino, deusa da nação de Egbá, nação esta Iorubá onde também existe o rio Yemojá.

Rainha dos mares, oceanos e águas salgadas, mas também responde em águas doce, pois afinal é água e de qualquer forma chegará ao mar.

Orixá muito respeitada e cultuada, talvez a mais cultuada entre o povo, é tida como mãe de quase todos os Orixás, por isso ela também é dona da fertilidade feminina, maternidade e do psicológico dos seres humanos. É vista como uma senhora de seios volumosos com ar de matrona, seus movimentos são ondulantes e andar cadenciado.

É protetora dos lares, famílias, marinheiros, barqueiros, pescadores e jangadeiros, controla as marés e seu símbolo é a ancora.

- Recebe como oferendas: ovelha, galinha, pata, angolista, pombas, canjica branca com mel, merengues, queijo ralado, frutas, mel, canjica branca cozida e refogada com mel, salsa e cebola verde, apetés, manjar com leite de coco, adora flores e perfumes, ecós, balas de mel, peixe, etc.
- Seu ponto de força é: no mar, podendo também ser em águas doces.
- Seu dia da semana é: sexta-feira.
- Suas ervas são: guiné, orô, alevante, dinheirinho, fortuna, hortênsia, vetiver, jasmim, malva cheirosa, cipó ouro, anis, cidreira, cidró, alga-marinha, violeta, parreira etc.
- Seus metais são: prata, estanho e platina.
- Seus números são: 8 e 16.
- Sua cor é: azul-claro.
- Partes do corpo que lhe pertencem: vesícula, fígado, testículos, pelos, cabelos, sangue, braços, ossos dos braços.
- Sua saudação é: Omiô odô.

▶ Suas ferramentas são: âncora, leme, cavalo-marinho, anel, brincos, pulseira, peixe, remos, corrente de prata, concha, pérola, moedas, lua, búzios, estrela-marinha, caramujo etc.

No caso de Iemanjá Nanã é um Orixá feminino, considerada a Iemanjá velha mais temida, respeitada, poderosa e séria. É a deusa dos pântanos, lodo, lamaçais e da morte.

Protege idosos e desabrigados. Também dona da chuva e da lama. É mãe de Obaluaiê e junto com ele, dona das doenças cancerígenas. É um dos mais velhos Orixás do panteão africano, e a ela pertence o portal que liga a vida e a morte. É a mãe boa, querida, carinhosa, compreensível, sensível, bondosa, mas que irada não conhece ninguém. É o Orixá da vida que representa a morte. Sua cor é lilás claro.

Filhos de Iemanjá

As filhas (ou filhos) de Iemanjá são sérias, arrogantes e impetuosas, tentam dominar a todos e fazer-se respeitar a qualquer custo, dificilmente perdoam os erros e defeitos dos seus semelhantes, gostam de testar as pessoas, os seus e suas amizades.

Seu temperamento é muito difícil, são bravas, nervosas e alteradas, mas possuem um coração grandioso, são dedicadas às pessoas, aos parentes e amigos, preocupam-se com os outros e consigo, gostam de coisas caras, de luxo, são honestas, gostam de casa, da família, são ótimas esposas e mães (ou pais).

O arquétipo desse Orixá é das pessoas voluntariosas, fortes, rigorosas, protetoras, altivas e algumas vezes impetuosas e arrogantes. Tem o sentido da hierarquia fazem-se respeitar e são justas, mas formais; põem à prova as amizades que lhes são devotas, custam muito a perdoar uma ofensa e se a perdoam não a esquecem jamais.

Preocupam-se com os outros, são maternais e sérias. Sem possuírem a vaidade de Oxum, gostam do luxo, das fazendas azuis e vistosas, das joias caras. Elas têm tendência à vida suntuosa mesmo se as possibilidades do cotidiano não lhes permitirem um tal fausto.

No caso de Nanã Buruku, é o arquétipo das pessoas que agem com calma, benevolência, dignidade e gentileza. Das pessoas lentas no cumprimento de seus trabalhos e que julgam ter a eternidade a sua frente para acabar seus afazeres.

Elas gostam de crianças e educam-nas talvez com excesso de doçura e mansidão, pois têm tendência a se comportarem com a indulgência dos avós. Agem com segurança e majestade. Suas reações bem equilibradas e a pertinência de suas decisões mantêm-nas sempre no caminho da sabedoria e da justiça.

Oferendas

Todas essas oferendas são oferendas básicas dos Orixás, bem simples de se fazer. Você pode trocar as cores das velas e do papel de seda, acrescentar, tirar ou trocar alguns dos itens conforme a sua nação, adequando a oferenda a sua casa, raiz, templo, estado ou país em que reside.

Poderá também usar itens citados numa das oferendas do mesmo Orixá em outra sem problema algum. Por exemplo, itens da oferenda A, podem ser usados na oferenda B e C, ou vice e versa. Podem-se usar também alguns utensílios pertencentes aos Orixás para enfeitar a oferenda – exemplos: leque, espelho, brincos, flores, perfumes, correntes, espada, alianças, ferramentas dos Orixás em miniaturas etc., como também outros ingredientes que sejam do seu conhecimento e que pertençam ao Orixá.

Todos os itens citados em <u>quilos ou gramas</u> são apenas pra se ter uma base das <u>quantidades</u>, pois um pouco a mais ou a menos não fará diferença, na verdade o que vai mandar na quantidade é o tamanho da <u>bandeja</u>.

Oferenda A

Material necessário:
- 1 bandeja de papelão grande
- Papel de seda azul-clara ou folhas de mamoneiro
- 300 gramas de canjica branca
- 8 merengues
- 8 moedas de qualquer valor
- 8 balas de mel
- Mel
- 1 vela azul clara de 7 dias
- 1 caixa de fósforos

Modo de fazer:

Um dia antes deixe a canjica de molho. No outro dia troque a água e cozinhe a canjica temperada com 4 colheres de mel. Após cozinhá-la, coloque num escorredor para escorrer bem o caldo.

Montagem da oferenda:

Decore a bandeja forrando-a com o papel de seda, ou com as folhas de mamoneiro.

Coloque a canjica bem espalhada na bandeja já decorada com o papel ou com as folhas de mamoneiro.

Pegue os 8 merengues e distribua-os em cima decorando a bandeja.

Em cima da canjica e em volta da bandeja coloque espaçadamente as 8 balas de mel descascadas e as 8 moedas, intercalando uma bala e uma moeda. Crave as moedas no sentido como se fosse rolar em direção ao centro da bandeja.

Coloque um pouco de mel por cima de tudo.

Depois de pronta, arrie no seu altar dos Orixás (congá, peji, assento, santuário, quarto de santo), acenda a vela e faça seus pedidos ou agradecimentos.

Vele por 3 ou 4 dias mais ou menos e despache-a ou enterre-a num local adequado. Ou se preferir, leve direto ao ponto de força do Orixá substituindo a vela de 7 dias por uma ou 8 velas azul-claros comuns.

Observação:

Espere esfriar a oferenda para arriá-la no Altar dos Orixás ou levá-la ao ponto de força do Orixá. Se for arriá-la no seu Altar dos Orixás, use o mesmo fósforo ou isqueiro que você costuma usar para acender as velas no mesmo. Se optar por levar ao ponto de força do Orixá, leve a caixa de fósforos, acenda a vela ou as velas, se for o caso, e deixe-a semiaberta com as cabeças dos palitos para fora. Não pode estar chovendo na hora da entrega. O mesmo vale para a hora em que for despachar ou enterrar a oferenda caso tenha sido velada no seu Altar dos Orixás.

Pontos de força onde se pode arriar, despachar ou enterrar a oferenda

No mar, podendo também ser em águas doces, dependendo da classe do Orixá. O que não impede de ser enterrada no seu pátio, depois de velada no seu Altar dos Orixás.

Oferenda B

Material necessário:
- 1 bandeja de papelão grande
- Papel de seda azul-claro ou folhas de mamoneiro
- 300 gramas de canjica branca
- Uma pera
- Um pacote de queijo ralado
- 8 moedas de qualquer valor
- 8 balas de mel
- Mel
- 1 vela azul clara de 7 dias
- 1 caixa de fósforos

Modo de fazer:

Um dia antes deixe a canjica de molho. No outro dia troque a água e cozinhe a canjica temperada com 4 colheres de mel. Após cozinhá-la, coloque-a num escorredor para escorrer bem o caldo e misture nos grãos o pacote de queijo ralado.

Montagem da oferenda:

Decore a bandeja forrando-a com o papel de seda, ou com as folhas de mamoneiro.

Coloque a canjica bem espalhada na bandeja já decorada com o papel ou com as folhas de mamoneiro.

Pegue a pera e coloque-a bem no centro da bandeja.

Em cima da canjica e em volta da bandeja coloque espaçadamente as 8 balas de mel descascadas e as 8 moedas, intercalando uma bala e uma moeda. Crave as moedas no sentido como se fosse rolar em direção ao centro da bandeja, ou seja, em direção a pera.

Coloque um pouco de mel por cima de tudo.

Depois de pronta, arrie no seu altar dos Orixás (congá, peji, assento, santuário, quarto de santo), acenda a vela e faça seus pedidos ou agradecimentos.

Vele por 3 ou 4 dias mais ou menos e despache-a ou enterre-a num local adequado. Ou se preferir, leve direto ao ponto de força do Orixá substituindo a vela de 7 dias por uma ou 8 velas azul-claros comuns.

Observação:

Espere esfriar a oferenda para arriá-la no Altar dos Orixás ou levá-la ao ponto de força do Orixá. Se for arriá-la no seu Altar dos Orixás, use o mesmo fósforo ou isqueiro que você costuma usar para acender as velas no mesmo. Se optar por levar ao ponto de força do Orixá, leve a caixa de fósforos, acenda a vela ou as velas, se for o caso, e deixe-a semiaberta com as cabeças dos palitos para fora. Não pode estar chovendo na hora da entrega. O mesmo vale para a hora em que for despachar ou enterrar a oferenda caso tenha sido velada no seu Altar dos Orixás.

Pontos de força onde se pode arriar, despachar ou enterrar a oferenda

No mar, podendo também ser em águas doces, dependendo da classe do Orixá. O que não impede de ser enterrada no seu pátio, depois de velada no seu Altar dos Orixás.

Oferenda C

Material necessário:
- 1 bandeja de papelão grande
- Papel de seda azul-claro ou folhas de mamoneiro
- 300 gramas de canjica branca
- Tempero verde (salsa, cebola)
- Uma cabeça de cebola
- 8 fatias pequenas de melancia
- 8 moedas de qualquer valor
- 8 balas de mel
- Mel
- 1 vela azul clara de 7 dias
- 1 caixa de fósforos

Modo de fazer:

Um dia antes deixe a canjica de molho. No outro dia troque a água e cozinhe a canjica temperada com 4 colheres de mel. Após cozinhá-la, coloque-a num escorredor para escorrer bem o caldo.

Pique bem miudinhos os temperos verdes e a cebola.

Refogue os grãos da canjica com mel e os temperos picados.

Montagem da oferenda:

Decore a bandeja forrando-a com o papel de seda, ou com as folhas de mamoneiro.

Coloque a canjica refogada bem espalhada na bandeja já decorada com o papel ou com as folhas de mamoneiro.

Pegue as 8 fatias de melancia e distribua-as em cima da canjica decorando a bandeja.

Em cima da canjica e em volta da bandeja coloque espaçadamente as 8 balas de mel descascadas e as 8 moedas, intercalando uma bala e uma moeda. Crave as moedas no sentido como se fosse rolar em direção ao centro da bandeja.

Coloque um pouco de mel por cima de tudo.

Depois de pronta, arrie no seu altar dos Orixás (congá, peji, assento, santuário, quarto de santo), acenda a vela e faça seus pedidos ou agradecimentos.

Vele por 3 ou 4 dias mais ou menos e despache-a ou enterre-a num local adequado. Ou se preferir, leve direto ao ponto de força do Orixá substituindo a vela de 7 dias por uma ou 8 velas azul-claras comuns.

Observação:

Espere esfriar a oferenda para arriá-la no Altar dos Orixás ou levá-la ao ponto de força do Orixá. Se for arriá-la no seu Altar dos Orixás, use o mesmo fósforo ou isqueiro que você costuma usar para acender as velas no mesmo. Se optar por levar ao ponto de força do Orixá, leve a caixa de fósforos, acenda a vela ou as velas, se for o caso, e deixe-a semiaberta com as cabeças dos palitos para fora. Não pode estar chovendo na hora da entrega. O mesmo vale para a hora em que for despachar ou enterrar a oferenda caso tenha sido velada no seu Altar dos Orixás.

Pontos de força onde se pode arriar, despachar ou enterrar a oferenda

No mar, podendo também ser em águas doces, dependendo da classe do Orixá. O que não impede de ser enterrada no seu pátio, depois de velada no seu Altar dos Orixás.

Oferenda D

Material necessário:
- 1 bandeja de plástico grande
- Papel celofane azul-claro ou folhas de mamoneiro
- 1 caixa de maisena pequena (amido de milho)

- Um vidro de leite de coco
- Um pacote de queijo ralado
- Um pacote de coco ralado
- 8 moedas de qualquer valor
- 8 balas de mel
- Mel
- 1 vela azul clara de 7 dias
- 1 caixa de fósforos

Modo de fazer:

Com uma determinada quantia da maisena e o leite de coco a seu critério, faça um manjar deixando-o levemente firme.

Numa outra vasilha qualquer misture bem meio pacote de coco ralado com meio pacote de queijo ralado.

Montagem da oferenda:

Decore a bandeja forrando-a com o papel celofane, ou com as folhas de mamoneiro.

Coloque o manjar bem espalhado na bandeja já decorada com o papel ou com as folhas de mamoneiro.

Pulverize o manjar com a mistura de coco e queijo ralado.

Em cima do manjar e em volta da bandeja coloque espaçadamente as 8 balas de mel descascadas e as 8 moedas, intercalando uma bala e uma moeda. Crave as moedas no sentido como se fosse rolar em direção ao centro da bandeja. Se as mesmas afundarem no manjar não tem problema.

Coloque um pouco de mel por cima de tudo.

Depois de pronta arrie no seu altar dos Orixás (congá, peji, assento, santuário, quarto de santo), acenda a vela e faça seus pedidos ou agradecimentos.

Vele por 3 ou 4 dias mais ou menos e despache-a ou enterre-a num local adequado. Ou se preferir, leve direto ao ponto de força do Orixá substituindo a vela de 7 dias por uma ou 8 velas azul-claros comuns.

Observação:
Espere esfriar a oferenda para arriá-la no Altar dos Orixás ou levá-la ao ponto de força do Orixá. Se for arriá-la no seu Altar dos Orixás, use o mesmo fósforo ou isqueiro que você costuma usar para acender as velas no mesmo. Se optar por levar ao ponto de força do Orixá, leve a caixa de fósforos, acenda a vela ou as velas, se for o caso, e deixe-a semiaberta com as cabeças dos palitos para fora. Não pode estar chovendo na hora da entrega. O mesmo vale para a hora em que for despachar ou enterrar a oferenda caso tenha sido velada no seu Altar dos Orixás.

Pontos de força onde se pode arriar, despachar ou enterrar a oferenda
No mar, podendo também ser em águas doces, dependendo da classe do Orixá. O que não impede de ser enterrada no seu pátio, depois de velada no seu Altar dos Orixás.

Opcionais que também podem ser oferecidos

Frutas – cereja, baunilha, sapota (sapoti), passa (uva seca), uva branca, uva dedo de dama, ameixa branca, pera, coco, mexerica, melancia, mamão, banana prata etc.

Flores – rosas brancas, margaridas brancas, hortênsias azuis, hortênsias lilases, hortênsias brancas, dálias brancas etc.

Orixá Oxalá

Características

Orixá do Branco, da Paz, da Fé, da união. Pacificador, é considerado pai de todos os Orixás e mortais. É cultuado como o maior e mais respeitado de todos os Orixás do panteão africano, é o pai maior nas nações africanas, é considerado o fim pacífico de todos os seres, rege o início, o meio o fim.

Tem diversas representações, como velho ou moço, é calmo, sereno, pacificador, é o criador, portanto respeitado por todos e por todas as nações, a Oxalá pertencem, a saúde, vida longa e os olhos que veem tudo.

Para diferenciá-lo dos outros Orixás masculinos suas oferendas de animais são do sexo feminino.

- Recebe como oferendas: animais fêmeas, cabra, angolista, pombas, galinha, pata, canjica branca, cocadas, acaçá, mel, leite de coco, coco fruta, apetés, ovos cozidos, frutas, ecós, balas de mel, pão de todos os tipos, peixe, etc.
- Sua cor é: branca para o moço e branca e preta para o velho.
- Seu ponto de força é: no mar, praia, rio ou riachos de água doce.
- Suas ervas são: guiné, orô, alevante, dinheirinho, fortuna, tapete de oxalá, funcho, acelga, copo-de-leite, folha de trigo, folha de arroz, alecrim, manjericão, alfazema etc.
- Sua saudação é: Epaô eebabá.
- Seus metais são: prata, ouro branco e platina.
- Partes do corpo que lhe pertencem: olhos, miolos, baço, rins, sangue, ossos do crânio.
- Seus números são: 8, 16, 32.
- Seu dia da semana é: domingo para o velho e quarta-feira para o moço.
- Suas ferramentas são: bengala, bastão, cajado, búzios, moedas, pombo, olhos de vidro, caramujo, sabre, estrela de 8 pontas, pilão de madeira, corrente de prata etc.

Filhos de Oxalá

Os filhos ou filhas de Oxalá são calmos, pacatos, simples, às vezes calmo até demais, responsáveis, reservados e de muita confiança, seus ideais são levados até o fim, mesmo que todas as pessoas sejam contrárias as suas opiniões e projetos, gostam de dominar e liderar as pessoas, são muito dedicados, caprichosos, mantendo tudo sempre bonito, limpo, com beleza e carinho.

Respeitam a todos, mas exigem ser respeitados. Tem uma base moral muito forte e são apegados aos bons costumes. Não gostam de tumulto e preferem sempre lugares tranquilos e calmos.

O arquétipo desse Orixá é das pessoas calmas e dignas de confiança das pessoas respeitáveis e reservadas dotadas de força de vontade inquebrantável, que nada pode influenciar.

Em nenhuma circunstância modificam seus planos e projetos, mesmo a despeito das opiniões contrárias racionais que as alertam para as possíveis consequências desagradáveis dos seus atos. Tais pessoas, no entanto, sabem aceitar sem reclamar os resultados amargos daí decorrentes. Levam seus planos até o fim, mesmo que não deem em nada, pois não admitem sugestões.

Oferendas

Todas essas oferendas são oferendas básicas dos Orixás, bem simples de se fazer. Você pode trocar as cores das velas e do papel de seda, acrescentar, tirar ou trocar alguns dos itens conforme a sua nação, adequando a oferenda a sua casa, raiz, templo, estado ou país em que reside.

Poderá também usar itens citados numa das oferendas do mesmo Orixá em outra sem problema algum. Por exemplo, itens da oferenda A, podem ser usados na oferenda B e C, ou vice e versa. Podem-se usar também alguns utensílios pertencentes aos Orixás para enfeitar a oferenda – exemplos: leque, espelho, brincos, flores, perfumes, correntes, espada, alianças, ferramentas dos Orixás em miniaturas etc., como também outros ingredientes que sejam do seu conhecimento e que pertençam ao Orixá.

Todos os itens citados em quilos ou gramas são apenas pra se ter uma base das quantidades, pois um pouco a mais ou a menos não fazerá diferença, na verdade o que vai mandar na quantidade é o tamanho da bandeja.

Oferenda A
Material necessário:
- 1 bandeja de papelão grande
- Papel de seda branca ou folhas de mamoneiro
- 300 gramas de canjica branca
- 8 cocadas
- 8 moedas de qualquer valor
- 8 balas de mel
- Mel
- 1 vela branca de 7 dias
- 1 caixa de fósforos

Modo de fazer:
Um dia antes deixe a canjica de molho. No outro dia troque a água e cozinhe a canjica temperada com 4 colheres de mel. Após cozinhá-la, coloque-a num escorredor para escorrer bem o caldo.

Montagem da oferenda:
Decore a bandeja forrando-a com o papel de seda, ou com as folhas de mamoneiro.

Coloque a canjica bem espalhada na bandeja já decorada com o papel ou com as folhas de mamoneiro.

Pegue as 8 cocadas e as distribua em cima decorando a bandeja.

Em cima da canjica e em volta da bandeja coloque espaçadamente as 8 balas de mel descascadas e as 8 moedas, intercalando uma bala e uma moeda. Crave as moedas no sentido como se fosse rolar em direção ao centro da bandeja.

Coloque um pouco de mel por cima de tudo.

Depois de pronta, arrie no seu altar dos Orixás (congá, peji, assento, santuário, quarto de santo), acenda a vela e faça seus pedidos ou agradecimentos.

Vele por 3 ou 4 dias mais ou menos e despache-a ou enterre-a num local adequado. Ou se preferir, leve direto ao ponto de força do Orixá substituindo a vela de 7 dias por uma ou 8 velas brancas comuns.

Observação:

Espere esfriar a oferenda para arriá-la no Altar dos Orixás ou levá-la ao ponto de força do Orixá. Se for arriá-la no seu Altar dos Orixás, use o mesmo fósforo ou isqueiro que você costuma usar para acender as velas no mesmo. Se optar por levar ao ponto de força do Orixá, leve a caixa de fósforos, acenda a vela ou as velas, se for o caso, e deixe-a semiaberta com as cabeças dos palitos para fora. Não pode estar chovendo na hora da entrega. O mesmo vale para a hora em que for despachar ou enterrar a oferenda caso tenha sido velada no seu Altar dos Orixás.

Pontos de força onde se pode arriar, despachar ou enterrar a oferenda

No mar, praia, rio ou riachos de água doce, dependendo da classe do Orixá. O que não impede de ser enterrada no seu pátio, depois de velada no seu Altar dos Orixás.

Oferenda B

Material necessário:
- 1 bandeja de papelão grande
- Papel de seda branca ou folhas de mamoneiro
- 300 gramas de canjica branca
- Um pacote de coco ralado
- 8 tiras de coco (fruta)
- 8 moedas de qualquer valor
- 8 balas de mel
- Mel

- ▶ 1 vela branca de 7 dias
- ▶ 1 caixa de fósforos

Modo de fazer:
Um dia antes deixe a canjica de molho. No outro dia troque a água e cozinhe a canjica temperada com 4 colheres de mel. Após cozinhá-la, coloque-a num escorredor para escorrer bem o caldo e misture nos grãos o pacote de coco ralado.

Montagem da oferenda:
Decore a bandeja forrando-a com o papel de seda, ou com as folhas de mamoneiro.

Coloque a canjica bem espalhada na bandeja já decorada com o papel ou com as folhas de mamoneiro.

Em cima da canjica coloque as 8 tiras de coco de forma que fiquem as 8 pontas das tiras juntas partindo do centro da bandeja espaçadamente uma da outra como se fossem os raios do Sol.

Em volta da bandeja coloque espaçadamente as 8 balas de mel descascadas e as 8 moedas, intercalando uma bala e uma moeda. Crave as moedas na canjica no sentido como se fosse rolar em direção ao centro da bandeja.

Coloque um pouco de mel por cima de tudo.

Depois de pronta, arrie no seu altar dos Orixás (congá, peji, assento, santuário, quarto de santo), acenda a vela e faça seus pedidos ou agradecimentos.

Vele por 3 ou 4 dias mais ou menos e despache-a ou enterre-a num local adequado. Ou se preferir, leve direto ao ponto de força do Orixá substituindo a vela de 7 dias por uma ou 8 velas brancas comuns.

Observação:
Espere esfriar a oferenda para arriá-la no Altar dos Orixás ou levá-la ao ponto de força do Orixá. Se for arriá-la no seu Altar dos Orixás, use o mesmo fósforo ou isqueiro que você costuma usar para acender

as velas no mesmo. Se optar por levar ao ponto de força do Orixá, leve a caixa de fósforos, acenda a vela ou as velas, se for o caso, e deixe-a semiaberta com as cabeças dos palitos para fora. Não pode estar chovendo na hora da entrega. O mesmo vale para a hora em que for despachar ou enterrar a oferenda caso tenha sido velada no seu Altar dos Orixás.

Pontos de força onde se pode arriar, despachar ou enterrar a oferenda

No mar, praia, rio ou riachos de água doce, dependendo da classe do Orixá. O que não impede de ser enterrada no seu pátio, depois de velada no seu Altar dos Orixás.

Oferenda C

Material necessário:
- 1 bandeja de papelão grande
- Papel de seda branca ou folhas de mamoneiro
- 300 gramas de canjica branca
- 8 ovos
- 8 moedas de qualquer valor
- 8 balas de mel
- Mel
- 1 vela branca de 7 dias
- 1 caixa de fósforos

Modo de fazer:

Um dia antes deixe a canjica de molho. No outro dia troque a água e cozinhe a canjica temperada com 4 colheres de mel. Após cozinhá-la, coloque-a num escorredor para escorrer bem o caldo.

Cozinhe os 8 ovos, descasque-os e parta-os ao meio, de comprido, ficando 16 metades.

Montagem da oferenda:

Decore a bandeja forrando-a com o papel de seda, ou com as folhas de mamoneiro.

Coloque a canjica bem espalhada na bandeja já decorada com o papel ou com as folhas de mamoneiro.

Pegue as 16 metades dos ovos e as distribua em cima da canjica com a parte da gema para cima, decorando a bandeja.

Em cima da canjica e na volta da bandeja coloque espaçadamente as 8 balas de mel descascadas e as 8 moedas, intercalando uma bala e uma moeda. Crave as moedas no sentido como se fosse rolar em direção ao centro da bandeja.

Coloque um pouco de mel por cima de tudo.

Depois de pronta, arrie no seu altar dos Orixás (congá, peji, assento, santuário, quarto de santo), acenda a vela e faça seus pedidos ou agradecimentos.

Vele por 3 ou 4 dias mais ou menos e despache-a ou enterre-a num local adequado. Ou se preferir, leve direto ao ponto de força do Orixá substituindo a vela de 7 dias por uma ou 8 velas brancas comuns.

Observação:

Espere esfriar a oferenda para arriá-la no Altar dos Orixás ou levá-la ao ponto de força do Orixá. Se for arriá-la no seu Altar dos Orixás, use o mesmo fósforo ou isqueiro que você costuma usar para acender as velas no mesmo. Se optar por levar ao ponto de força do Orixá, leve a caixa de fósforos, acenda a vela ou as velas, se for o caso, e deixe-a semiaberta com as cabeças dos palitos para fora. Não pode estar chovendo na hora da entrega. O mesmo vale para a hora em que for despachar ou enterrar a oferenda caso tenha sido velada no seu Altar dos Orixás.

Pontos de força onde se pode arriar, despachar ou enterrar a oferenda

No mar, praia, rio ou riachos de água doce, dependendo da classe do Orixá. O que não impede de ser enterrada no seu pátio, depois de velada no seu Altar dos Orixás.

Oferenda D

Material necessário:
- 1 bandeja de papelão grande
- Algodão ou papel de seda branca
- 8, 16 ou 32 moedas de qualquer valor
- 8, 16 ou 32 balas de mel
- 1 caixa de maisena (amido de milho)
- Mel
- 1 vela branca de 7 dias
- 1 caixa de fósforos

Modo de fazer:

Faça 8, 16 ou 32 acaçás.

O acaçá é feito da mistura de água e maizena (amido de milho). Leve ao fogo baixo e vá mexendo até ficar bem consistente. Coloque primeiro a água, que vai definir a quantidade de acaçás, vá colocando a maisena e mexendo até engrossar bem.

Deixe esfriar e corte-os em cubos de aproximadamente 8 cm.

Se preferir, corte 8, 16 ou 32 tiras de folhas de bananeira mais estreitas que os cubos de acaçá, passe na água fervendo e enrole os acaçás.

Tem que combinar a quantidade de balas, moedas e acaçás.

Montagem da oferenda:

Decore a bandeja forrando-a com algodão ou papel de seda branca.

Crave uma moeda em cada acaçá.

Distribua os acaçás em cima da bandeja já decorada com o algodão ou papel de seda.

Em volta da bandeja circulando os acaçás, coloque espaçadamente as 8, 16 ou 32 balas de mel descascadas.

Coloque um pouco de mel por cima de tudo.

Se quiser, pode acrescentar canjica branca. Mas nesse caso, use o papel de seda ou as folhas de mamoneiro para forrar a bandeja, e os acaçás ficam por cima da canjica.

Depois de pronta, arrie no seu altar dos Orixás (congá, peji, assento, santuário, quarto de santo), acenda a vela e faça seus pedidos ou agradecimentos.

Vele por 3 ou 4 dias mais ou menos e despache-a ou enterre-a num local adequado. Ou se preferir, leve direto ao ponto de força do Orixá substituindo a vela de 7 dias por uma ou 8 velas brancas comuns.

Observação:
Espere esfriar a oferenda para arriá-la no Altar dos Orixás ou levá-la ao ponto de força do Orixá. Se for arriá-la no seu Altar dos Orixás, use o mesmo fósforo ou isqueiro que você costuma usar para acender as velas no mesmo. Se optar por levar ao ponto de força do Orixá, leve a caixa de fósforos, acenda a vela ou as velas, se for o caso, e deixe-a semiaberta com as cabeças dos palitos para fora. Não pode estar chovendo na hora da entrega. O mesmo vale para a hora em que for despachar ou enterrar a oferenda caso tenha sido velada no seu Altar dos Orixás.

Pontos de força onde se pode arriar, despachar ou enterrar a oferenda
No mar, praia, rio ou riachos de água doce, dependendo da classe do Orixá. O que não impede de ser enterrada no seu pátio, depois de velada no seu Altar dos Orixás.

Opcionais que também podem ser oferecidos

Frutas – baunilha, noz, tâmara, pêssego branco, pera, pomelo, lima, coco, uva branca, bergamota, uva verde, maçã verde etc.

Flores – rosas brancas, margaridas brancas, copo-de-leite, hortênsias brancas, dálias brancas, palmas brancas etc.

Observação:
Essas oferendas podem ser feitas por qualquer tipo de pessoa, independente de religião, desde que acredite e tenha fé nos Orixás.

Se já faz parte da religião africana, seja qual for a sua nação, e tem um altar dos Orixás (assentamento, peji, quarto de santo etc) em casa faça como foi ensinado anteriormente. Caso contrário, faça a oferenda e leve-a direto a um ponto de força da natureza conforme o Orixá que é destinado. Exemplo: mato, rio, cachoeira, praia, mar etc.

Encerramos os comentários a respeito dos Orixás mais cultuados, deixando claro que são apenas algumas referências, e que em hipótese alguma encerram os comentários, as referências, as características, as oferendas etc., nem mesmo em relação aos arquétipos dos Orixás, pois todos eles sofrem alteração em função do Orixá adjunto. Exemplo: um filho de Xangô com Oxum terá características diferentes de um filho de Xangô com Iansã, e assim por diante.

Boa sorte!

Recomendações Finais

- Leia e releia este livro quantas vezes forem necessárias até aprender bem, e, antes de realizar qualquer uma dessas oferendas, tome cuidado. Apesar de serem parecidas não são as mesmas e um item apenas trocado ou colocado mal pode causar um efeito contrário, e ao invés de ajudar poderá prejudicar.
- Caso não entenda bem ou tenha dúvida em alguma das oferendas na hora de fazer, procure alguém que entenda do assunto para orientá-lo, ou não o faça até tirar suas dúvidas.
- Não faça nenhuma oferenda, trabalho ou ritual aos Orixás quando estiver em período menstrual.
- Não faça nenhuma oferenda, ritual ou trabalho aos Orixás quando tiver ingerido bebida alcoólica.
- Evite relações sexuais por pelo menos 24 horas antes da realização de qualquer oferenda, ritual ou trabalho aos Orixás.
- Não faça nenhuma oferenda, ritual ou trabalho aos Orixás após ter ido ao cemitério ou velório.
- Não faça nenhuma oferenda, ritual ou trabalho aos Orixás se estiver nervoso, agitado ou até mesmo se tiver discutido ou brigado com alguém.
- Procure não fazer nenhuma oferenda, ritual ou trabalho aos Orixás usando roupa preta.

- Não ofereça nenhuma oferenda ou trabalho aos Orixás enquanto ainda estiver quente.
- Sempre que fizer uma oferenda, ritual ou trabalho na praia, rio, mata, cachoeira, cemitério, encruzilhada, saúde aos Orixás que ali residem e peça licença para realizar o ritual a um determinado Orixá.
- Se possível, antes de realizar qualquer tipo de oferenda ou trabalho aos Orixás, tome um banho de descarrego.
- Cuide da natureza, que é o habitat dos Orixás, como se fosse a sua casa.
- Todas essas oferendas e velas podem ser passadas no corpo de uma pessoa que esteja precisando de algum tipo de ajuda.
- Toda a oferenda, ritual ou trabalho realizado com os Orixás para a saúde de alguma pessoa ou criança não exime o paciente de cuidados médicos. Se estiver sob cuidados, continue.

Bibliografia

BARCELLOS, Mario Cesar. *Os Orixás e o segredo da vida*. Rio de Janeiro: Pallas Editora, 1992.

BRAGA, Reginaldo Gil. *Batuque Jêje-Ijexá em Porto Alegre*. Porto Alegre: Fumproarte – Secretaria Municipal de Cultura de Porto Alegre, 1998.

FERREIRA, Paulo Tadeu B. *Os Fundamentos Religiosos da Nação dos Orixás*. Porto Alegre: Toqui, 1983

KREBS, Carlos Galvão. *Estudos de Batuque*. Porto Alegre: Instituto Gaúcho de Tradição e Folclore, 1988.

VERARDI, Jorge. *Axés dos Orixás no Rio Grande do Sul*. Porto Alegre: 1990.

VERGER, Pierre. *Notas sobre o culto aos Orixás e Voduns*. São Paulo: Edusp, 2004.

Duvidas, sugestões e esclarecimentos

E-mail: evandrorosul@bol.com.br

Outras publicações

CIGANOS – MAGIAS DO PASSADO DE VOLTA AO PRESENTE

Evandro Mendonça

Na Magia, como em todo preceito espiritual e ritual cigano, para que cada um de nós tenha um bom êxito e consiga o que deseja, é fundamental que tenhamos fé, confiança e convicção. E, naturalmente, confiança nas forças que o executam. Para isso é fundamental que acreditemos nas possibilidades das coisas que queremos executar.

ILÊ AXÉ UMBANDA

Evandro Mendonça ditado pelo Caboclo Ogum da Lua

Filhos de Umbanda e meus irmãos em espíritos, como o tempo e o espaço são curtos, vou tentar resumir um pouco de cada assunto dos vários que eu gostaria muito de falar, independentemente da religião de cada um. Não são palavras bonitas e talves nem bem colocadas na ordem certa desta descrita, mas são palavras verdadeiras, que esse humilde Caboclo, portador de muita luz, gostaria de deixar para todos vocês, que estão nesse plano em busca da perfeição do espírito, refletirem.

Formato: 16 x 23 cm – 176 páginas

Formato: 16 x 23 cm – 136 páginas

ARSENAL DE UMBANDA
Evandro Mendonça

O livro "Arsenal da Umbanda" e outros livros inspirados pelo médium Evandro Mendonça e seus mentores, visa resgatar a Umbanda no seu princípio básico, que é ligar o homem aos planos superiores. Atos saudáveis como o de acender uma vela ao santo de sua devoção, tomar um banho de descarga, levar um patuá para um Preto-Velho, benzer-se, estão sendo esquecidos nos dias de hoje, pois enquanto uns querem ensinar assuntos complexos, outros só querem saber de festas e notoriedade.

Umbanda é sabedoria, religião, ciência, luz emanada do alto, amor incondicional, crença na Divindade Maior. Umbanda é a própria vida.

Formato: 16 x 23 cm – 208 páginas

ORIXÁS – SEGURANÇAS, DEFESAS E FIRMEZAS
Evandro Mendonça

Caro leitor, esta é mais uma obra que tem apenas o humilde intuito de somar a nossa Religião Africana. Espero com ela poder compartilhar com meus irmãos e simpatizantes africanistas um pouco mais daquilo que vi, aprendi e escutei dos mais antigos Babalorixás, Yalorixás e Babalaôs, principalmente do meu Babalorixá Miguel da Oyá Bomí. São ensinamentos simples, antigos, porém repletos de fundamento e eficácia na Religião Africana; alguns até mesmo já esquecidos e não mais praticados nos terreiros devido ao modernismo dos novos Babalorixás e Yalorixás e suas vontades de mostrar luxúrias, coisas bonitas e fartas para impressionar os olhos alheios.

Formato: 16 x 23 cm – 192 páginas

Outras publicações

EXU E SEUS ASSENTAMENTOS

Evandro Mendonça inspirado pelo Senhor Exu Marabô

Todos nós temos o nosso Exu individual. É ele quem executa as tarefas do nosso Orixá, abrindo e fechando tudo. É uma energia vital que não morre nunca, e ao ser potencializado aqui na Terra com assentamentos (ponto de força), passa a dirigir todos os caminhos de cada um de nós, procurando sempre destrancar e abrir o que estive fechado ou trancado.

POMBA-GIRA E SEUS ASSENTAMENTOS

Evandro Mendonça inspirado pela Senhora Pomba-Gira Maria Padilha

Pomba-Gira é uma energia poderosa e fortíssima. Atua em tudo e em todos, dia e noite. E as suas sete ponteiras colocadas no assentamento com as pontas para cima representam os sete caminhos da mulher. Juntas às outras ferramentas, ervas, sangue, se potencializam tornando os caminhos mais seguros de êxitos. Hoje é uma das entidades mais cultuadas dentro da religião de Umbanda. Vive na Terra, no meio das mulheres. Tanto que os pedidos e as oferendas das mulheres direcionadas à Pomba-Gira têm um retorno muito rápido, na maioria das vezes com sucesso absoluto.

Formato: 16 x 23 cm – 176 páginas

Formato: 16 x 23 cm – 176 páginas

EXU, POMBA-GIRA E SEUS AXÉS

Evandro Mendonça inspirado pelo Sr. Exu Marabô e pela Sra. Pomba-Gira Maria Padilha

A obra apresenta as liberações dos axés de Exus e de Pombas-Giras de modo surpreendente, condensado e extremamente útil. É um trabalho direcionado a qualquer pessoa que se interesse pelo universo apresentado, no entanto, é de extrema importância àquelas pessoas que tenham interesse em evoluir em suas residências, em seus terreiros, nas suas vidas.

E o que são esses axés? "Axé" é força, luz, poder espiritual, (tudo o que está relacionado com a sagrada religião), objetos, pontos cantados e riscados, limpezas espirituais etc. São os poderes ligados às Entidades.

Formato: 16 x 23 cm – 176 páginas

A MAGIA DE SÃO COSME E SÃO DAMIÃO

Evandro Mendonça

Algumas lendas, histórias e relatos contam que São Cosme e São Damião passavam dias e noites dedicados a cura tanto de pessoas como animais sem nada cobrar, por esse motivo foram sincretizados como "santos dos pobres" e também considerados padroeiros dos médicos.

Não esquecendo também seu irmão mais novo chamado Doúm, que junto fez parte de todas as suas trajetórias.

A obra oferece ao leitor algumas preces, simpatias, crenças, banhos e muitas outras curiosidades de São Cosme e São Damião.

Formato: 14 x 21 cm – 136 páginas

Distribuição exclusiva